Ⓢ新潮新書

井上ひさし
INOUE Hisashi

日本語教室

410

新潮社

はじめに

皆さん、こんばんは。

この「日本語講座」は、上智大学の卒業生たちの親睦団体「ソフィア会」が企画・主催するものです。これから四回、私が日本語について最近考えたり勉強したりしたことをお話しいたします。そして、皆様方からいただいた聴講料を、苦労している外国からの留学生に奨学資金として差し上げる。つまり、われわれが勉強することによって、他の誰かの勉強を後押しする、そういう仕組みになっています。全員がボランティアです。

私は、タダでお話しする代わりに、芝居の宣伝をさせていただきます。教室のあちこちに「こまつ座」公演のポスターが貼ってありますよね。一人でも多くの方が芝居を見に来て下さることによって、私のほうは私のほうで、ちゃんと収支がつくということになっています（笑）。

今、多くの人がおっしゃっているように、若い人の日本語が乱れています。それはもちろん事実ですが、実は日本人全体がこの十年来、本当に大事なものが何かということを、見失っていると思うのです。言葉においてもそうですし、食生活でも、政治でも、経済でも、すべての分野で、何をやっていいのかわからないという状態です。石川啄木流に言いますと、「時代閉塞」感ですね。そこで目立つのは、いい年配の日本人の日本語、特に政治家、官僚、そういう人たちの言葉です。非常に貧弱で、よくない。

言葉は世の中を映しとるものですから、こんなふうに世の中が混乱してしまうと、言葉も非常に混乱して、何がいいのかわからない、みんな私の勝手でしょうという感じになってしまいます。私など――もう六十歳を過ぎましたが――電車の中で聞く十代の女学生の会話は、発音も含めて、ほとんどわかりません。向こうは英語とかフランス語をしゃべっているわけではなく、確かに日本語らしいのですが、よくわからない。そういう状態になっているのです。そこで、まず日本語の現状をさらっと把握して、それから本題の「日本語とはどういう言語か」に入っていきたいと考えています。


【編集部註】

講演は二〇〇一年十月から毎月一回、上智大学にて四回にわたって行なわれました。本書はできるだけ、井上氏の講演での語り口を生かすようにしておりますが、一部意味の取りづらい箇所などについては、編集部が言葉を補いました。

また、本文の註については、編集部が加えたものです。

日本語教室　目次

東北弁は標準語だった⁉
言葉の〝チャンポニザシォン〟
「やまとことば」はいつできたのか
輸入された政治の言葉
言葉は絶えず変化する
『こゝろ』はなぜ平仮名か
芝居はやまとことばで
漢字は組み合わせてこそ生きる
諭吉が諦めた「権利」
標準語は明治政府がつくった
「美しい日本語」などありえない
英語にどう対処するか
「アメリカはよい国か。イエス。ただし……」

第三講　日本語はどのように話されるのか

第一講　日本語はいまどうなっているのか

母語は精神そのものです

もう二十年くらい前になりますが、当時、学習院の理学部の教授だった木下是雄《これお》さんが『理科系の作文技術』（中公新書）という本を書きました。なぜこういう本を書いたのかというと、木下さんの弟子たちが一所懸命に自分たちの研究を英語で書こうとしても——英語で書かないと外国人は読んでくれませんから——ぜんぜん書けない。書いてもめちゃくちゃなのです。木下さんは、さんざんそれを観察して考えました。そして結局、自分の教え子たちは日本語を知らない、日本語を知らないから英語も書けないのだ、ということに気づいたのです。この『理科系の作文技術』は素晴らしい本ですので、ぜひ買って読んでみて下さい。

ここではっきりしたことは、英語でなければ世界の人たちに読んでもらえないという事実です。英語を母語としていない学者たちも、今では英語が必要です。

母語について確認しておきましょうね。母国語と母語は、まったく質が違います。

私たち人間の脳は、生まれてから三年ぐらいの間にどんどん発達していきます。生まれた時の脳はだいたい三五〇グラムで、成人、二十歳ぐらいでは一四〇〇グラムぐらいになります。ちょうど四倍ですね。四倍にもなるのに、なぜ頭蓋骨がバーンと破裂しないのかというと、脳はあらかじめ折りたたまれていて、泉門《せんもん》という隙間がちゃんとある。そこが発達していくから大丈夫なんです。

そんなふうにして脳がどんどん育っていくときに、お母さんや愛情をもって世話をしてくれる人たちから聞いた言葉、それが母語です。

赤ん坊の脳はまっさらで、すべてを受け入れる用意がしてあります。ですから、日本で生まれても、まだ脳が発達していない前にアメリカに行って、アメリカ人に育てられると、アメリカ英語がその子の母語になります。赤ちゃんは、自分を一番愛してくれる人の言葉を吸い取って、学びながら、粘土みたいな脳を、細工していくわけです。

有名なアヴェロンの野生児とか、いろいろな都合で人と会う機会がなくて、森の中で育った子どもを後で引き取ったという事例がありました。それでわかったのは、十五歳ぐらいを過ぎると、どんな言葉も覚えることはできないということです。言葉は、脳がどんどん生育していくときに身につくものなのだということを、ここでしっかり確認しておきましょう。

言葉は道具ではないのです。第二言語、第三言語は道具ですが、母語＝第一言語は道具ではありません。アメリカでは、二十世紀の前半に「言語は道具である」という考えが流行しました。アメリカの合理主義と相まって、一時期、世界を席巻しますけれども、やがてだんだんと、そうではない、母語は道具ではない、精神そのものであるということがわかってきます。母語を土台に、第二言語、第三言語を習得していくのです。ですから結局は、その母語以内でしか別の言葉は習得できません。ここのところは言い方がちょっと難しいのですが、母語より大きい外国語は覚えられないということです。つまり、英語をちゃんと書いたり話したりするためには、英語より大きい母語が必要なのです。だから、外国語が上手になるためには、日本語をしっかり――たくさん言葉を覚えるということではなくて、日本語の構造、大事なところを自然にきちっと身につけていなければなりません。

ＦＡＮＣＬをファンケルとなぜ読む

私は、横須賀線で東京へ出てきます。で、電車に乗るたびに、鎌倉駅と品川駅の間にある看板のカタカナ文字を数えました。乗っている間中ずうっと数えていると気が遠くなりますので、今日は鎌倉と北鎌倉の間の右手に見える看板だけというふうに区切って実行したんです。車両から見える看板のうち、カタカナの看板、あるいは横文字そのものの看板がどのくらいあるか、十年間かかって数えました。この間、やっと数え終わったのですが、人に言っても笑われるだけなので、ひそかに一人で喜んだという次第。結果は、三百八十ぐらいある看板のうち、六割がカタカナと横文字でした。

大船から戸塚の間に、今すごく売れている健康食品の会社があって、その建物の上に、社名が大きくバーンと掲げられています。ＦＡＮＣＬ——これ、どうしてファンケルと読めるのでしょうか。どう逆立ちしても読めませんよね。きっと、あの会社はこんなに大きくなるつもりはなかったのでしょう。だから、綴りになど気をつけていなかったのです。つまり、ささやかに大船地方、せいぜい横浜の一部分で売れればいいと思って、これでいいやと——。ところが、異常な健康ブームで、全国的に大きな会社になってしまった。でも、いまさら変えるわけにもいかないから、この綴りをファンケルと読ませよう、読みなさいということにしたのではないかと思います。これは一企業としては非常に横暴なことです。

とにかく、看板・広告の半分以上が、すべてカタカナかローマ字、ラテン文字、つまりアルファベットで書いてある。これは、日本のアメリカ化、ラテン文字化の一つの証拠と言えるでしょう。

日本は強いものを真似する

これにはいろいろな原因があります。政治談義になりますから簡単に申しますが、日本はこの五十五年間、程度の差はあれ、アメリカのスカートの下で生きてきました。つまり、日本は外交はしなくてよかったのです。日本の外交官に「日本の外交方針は？」

と聞いても、誰一人答えられないし、外国の記者が聞くこともありません。アメリカの外交方針を見ていれば、日本の外交方針がわかるからです。私の言っている意味、おわかりですよね。

敗戦後、皆さんもご存じのとおり、アメリカを初めとする連合軍は、日本を農業国にしようと目論《もくろ》みました。日本のような凶暴な国は農業をすればいいということで、農地解放をやりました。

――凶暴ということに関して一言言わせていただくと、三月十日の東京大空襲では、連合国軍は最初に爆弾を四隅に落としていきました。まず人々を東西南北どこにも逃げられないように囲っておいて、次に焼夷弾を絨毯《じゅうたん》的に落としていったのです。一晩で十万人の人が亡くなりました。みんな一般の市民です。その後、広島では一日で九万の人を殺しています。長崎では七万の人を殺す。こういう爆弾を落とすのですから、連合国も凶暴で、そう大きな口はたたけないと思いますが――。

それはともかく、大規模な農地改革をやったので、敗戦後の日本の農業人口は五十％を越していました。ところが、そうこうしているうちに冷戦というのが始まります。そこで今度は、日本を防共の防波堤にすべく、急いで工業国化しようとするわけです。

　今でも覚えていますが、僕が上智大学に入るちょっと前、ダレスという特使がやって来まして、「日本はこれから工業製品をどんどんつくってください。すべてアメリカが買ってあげます。だから、工業国としてつくしなさい」という有名な挨拶《あいさつ》をするのです。日本もがんばれば立ち直って、テーブルクロスのいいものぐらいはつくれるようになるはず。そうしたら、アメリカがどんどん買ってやるよと、そんなことを言いました。ですから、アメリカが買おうと思っていたのは、結局、上等なテーブルクロスだった（笑）。ところが、これはまた日本人のすごいところで、アメリカがかなわないような車とかそういうものをつくり出した。そして、それはアメリカが買ってくれる約束になっていた。ということは、経済的に、日本はアメリカの子会社になっているわけです。でも、子会社が親会社のつくっているものよりもいいものをつくり出すということは主客転倒でしょう？　だから、アメリカはプラザ合意（一九八五年に開かれた先進五カ国による蔵相・中央銀行総裁会議）とか、いろいろな手で日本を切り離しにかかるのですが、惰性がついていますから、思うようにならない。

日本は、いつもそうなのです。世界で一番強い文明を勉強します。古くは中国、これはもうたいへんな大帝国です。その近くにある島国日本は、ここを模倣していれば、これを勉強すれば間違いないというので、ダーッと勉強していく。明治維新、あの頃はヨーロッパが最大の文明のかたまりですから、それを勉強する。法律でも何でも全部ヨーロッパの真似をしていく。戦後はアメリカの真似です。

そういう構造の中で、どんどんアメリカ英語が入ってきて、今や若い女の人の流行は、ハワイで子どもを出産することです。ハワイで一番増えているのは、日本の女性たちのための産院だそうですよ。ハワイで生まれた赤ちゃんは、アメリカは出生地主義ですから、アメリカの市民権を取る資格を得ています。何歳かになると、私はアメリカ市民権を選ぶ、ということが可能です。一方、日本は血統主義ですから、お父さん、お母さんが日本人であれば、国籍は日本人。だから、ハワイで生まれた子どもは国籍を二つ持つことができるのです。

なぜみんな髪を染めるのか

この現象と似たものに髪の色があります。染めていらっしゃる方には申し訳ないですけど、これも奇怪な流行です。ちょっと考えてくだされぱすぐわかりますが、たとえばイタリアのローマで、女性たちが、若い男たちが、ある日を境に一斉にバーッと髪を黒く染めはじめたとしたら、なんか怖い感じがしませんか？……あれっ、しないですか、まあいいです、それは（笑）。うちの娘も髪を染めたんですが、ショックでしたね。「どうして染めたの？　理由は何ですか」と聞いたら、「なんとなく……」と言うのです。「なんとなく、一番大事な、人に見える髪の毛を染めるヤツがいるか」と、僕は怒ったのですけど、怒ってもしようがないですね。

鈴木孝夫さんという学者が、こういう日本人の傾向を「地上ユートピア主義」とおっしゃっています。日本人は、自分の国が一番いいとは思っていないのですね。絶えず、いいところは他にあると思っている。それは、日本の一つの特徴ではないでしょうか。

たとえば、山形に住んでいる人が山形で音楽会に行く。そうすると、これもいいけど、まだ本物じゃない。仙台に行かないといいものは聴けない、と考えるんです。そこで、仙台に行って聴くと、やはり東京に行かないとダメだと思う。東京で聴くと、やっぱりベルリンに行ってベルリンフィルで聴かないとだめだと、どんどん……。これはこの頃、若い人たちの活躍で少しは崩れてきていますが、自分の住んでいるところは大したことなくて、優れたものは他にあるという、そういう精神構造はいまだにあります。僕にしても、田舎から行李を背負って、「郷関を出づ《い》」という感じで故郷を出て、自分を生かしてくれる場をもとめて東京にやって来ました。

そういう構造の中で、今のこういう閉塞状況。染めたくなるのでしょうかねえ。

僕、イタリアは相当よく知っているつもりですが、あそこには金髪の人はそうたくさんいません。栗色とかいろいろです。それで金髪に憧れています。金髪に染めている人もいます。では、金髪の人は何に憧れているかと言うと、黒い直毛なのです。エリザベス・テイラーの自伝を読んでいたら、あの人は金髪ですが、クレオパトラをやりたくてしようがない。かつらで、真っ黒な髪の直毛にしてみたいのです。日本人で外国人に気に入られるモデルさん、あるいは外国人と結婚している日本人の奥さんは、みんなオカッパにして、パーマもかけていませんよね。あれが、向こうから見ると一番きれいなのです。

私は染めるなと言っているのではありません。そういうふうにして日本人から抜け出そうとしている日本人が、今とてもたくさんいるということを、言葉の面からちょっと見ていきたいと思います。

言葉は常に乱れている

日本語のいわゆる乱れについては、言葉というのは常に乱れていますから、そう心配することもないと思います。言葉は完璧な多数決ですから、どんな間違った言葉でも、大勢の人が使い出すと、それは正しい言葉になってしまいます。「絶対に何とかはない」という「絶対」とか「とても」というのは、本来は下に否定がこなければいけないのに、「この品物、絶対これです」などと言いますよね。でも、昔は「絶対」と言ったら「だめだ」「いけない」などというふうに必ずつながっていたのです。芥川龍之介から始まって、昭和の初期の人たちは、「とてもいい」という言い方はない、間違いだと叫ぶのですが、強調の副詞として「とても」は、とても便利で（笑）、大勢の人がどんどん使っていくうちに、もうそれは正しいことになってしまいました。このように、常に言葉は乱れています。今も乱れているのは当たり前なのです。ただ、乱れ方にやや不思議な特徴が見えてきたということを、私は、これからちょっと申し上げようとしています。

外来語は物事を単純化してしまう

昨日の朝日新聞の夕刊から、めぼしい外来語を拾ってみたら、次のような結果になりました。セーフガード、クラフツマンシップ、プロジェクト、リフォーム、メンテナンス、ワインクーラー、オータムカレッジ、「チリ産キウイフルーツのプロモーション活動」、「JR目黒駅にレストランやショッピングフロアが入った駅ビル『Hilltop Garden MEGURO』がオープン」(以上、朝日新聞二〇〇一年十月二十五日付夕刊)

セーフガード。これは皆さん、意味をご存じでしょう。おそらく、七割か八割の方はご存じだと思います。緊急輸入制限措置という、WTO(世界貿易機関)でも認められている政策ですね。つまり、中国産のネギとかブタ肉などが、日本のものよりもはるかに安いので、結局日本の地場産業がつぶれていく。そういうときには輸入を制限してもいい、という制度です。

クラフツマンシップ、わかりますよね。わかるけれども、なぜ職人魂ではいけないのでしょう。職人魂では、たいしたことないのです。でも、この記事は、和、つまり日本の家具に、再び照明が当たってきたという趣旨なのです。「このたんすをリフォームした大津市の骨とう店」、骨董店でリフォームということはないでしょうに（笑）。文章を書くのが専門の新聞記者でさえ、このありさまです。

リフォームにはたくさんの意味があります。再生とか、改良とか、仕立て直しとか、改築、増築、改装。僕は英語はよく知りませんけど、外国の、たとえば英語を使う人たちにリフォームと言ってもわからないでしょう。これは、日本独特の使い方ですから。つまり、日本語では、再生とか、改良とか、仕立て直しとか、改築、増築、改装と、たくさん言葉があって、それぞれ微妙に違います。その違いを全部無視してリフォームにしてしまう。一見便利なようですが、今まで言い分けてきた日本人の脳の働き、正確さというのを、リフォームの一言で、非常に単純にしてしまうのです。こういうことが積み重なっていくと、悲劇的なことが起こるのではないでしょうか。

プロジェクト、メンテナンスはわれわれもよく使います。『エコノミスト』という毎日新聞発行の雑誌によると、エレベーターをつくる会社は今苦境に陥っているけれど、エレベーターをメンテナンスする会社はすごく儲かっている。つくる企業はまったくだめで、つくったものを維持したり、保全したり、それから製品をあちこちに届けたりする会社が今は有卦《うけ》に入《い》っていると、そう書いてありました。まあ、それはともかく、メンテナンスというのは、保全、維持、整備、あるいはひっくるめてその費用などの意味ですね。意味はまあわかりますけれど、今たくさん並べた日本語が表している違いを全部無視して、メンテナンスにしてしまうのです。

　ワインクーラー、こんなのはどうでもいいです。好きな人が勝手に使えばいいでしょうという感じ。オータムカレッジ、これは、ある大学が勝手につけている秋の公開講座のことで、秋の公開講座というと誰も来ないらしい（笑）。オータムカレッジにすると来るのかもしれませんが、こんなのも無視しましょう。チリ産キウイフルーツのプロモーション活動。勝手にやってよ、という感じで、これもまあいいです。ショッピングフロアは、なんとか皆さんわかると思います。それから、目黒駅に新しいビルができたということがニュースになっているのですが、ＪＲというのは、ほんとうにけしからんと思います。Hilltop Garden MEGUROというのが駅ビルの名前です。田舎からおばあさんが上京してきて、目黒駅の近辺のマンションに住んでいる息子に会おうとする。息子が、「おばあちゃん、ヒルトップガーデンメグロの前に来てよ」と言っても、絶対わからないですよね。こういうことを、平気でやる世の中になってきたのです。

ＪＲはいけません。私たちは、好むと好まざるとにかかわらず、毎日ＪＲを一回ぐらいは利用しています。それが、ロゴもアルファベットで、発音も日本語ではありますけど、「ジェイアール」とアルファベットの読み方です。こんなこと、公共機関がやってはいけない。上智大学の裏の方の、狭い間口一軒ぐらいのパン屋さんが「シャンゼリゼ」と名乗っても（笑）、それはかまいません。近所の人がちょっと迷惑するだけで、国民は迷惑しないですから。でも、全国に交通網を張っている責任ある会社が率先して「ジェイエー」なのでしょう。ここまで落ちてしまったのです。ＪＲは特に罪が重いですね。ＪＲとは……。農協はＪＡでしょう？　そんなばかな、米をつくる組合がどうして「ジいろいろなことをするでしょう、「トレン太くん」とか何とか、語呂合わせで。ああいうことが、仕事だと思っている。お役所はもちろん、公共機関の人たちは日本語をきっちり守らないといけない。というのは、みんなが使っているからです。JRの批判をすれば、キリがありませんからやめますが、せめてもの抗議として、僕はこの記事に「ばか」と書いておきました（笑）。

とにかく、朝日新聞の昨日の夕刊から、カタカナ語やアルファベットを全部拾ったら、いま紹介した言葉の十倍ぐらいあります。

英語ではない変なカタカナ語

次に、みんなが外来語だと思っているけれども、日本の外来語というのは必ずしもちゃんとした英語ではないという例をいくつか紹介します。一年近く、オーストラリアの国立大学に寄食していたときに気がついて、メモしておきました。

まずスリップ。車がスリップすると言いますが、これは外来語を使っているから、英語に直せばすぐ通用すると思いますよね。でも、その場合には、英語ではスキッド（skid）と言います。それなのに、誰かが格好つけて、「前輪がスリップしちゃってさ」というふうに使って、だんだんみんなが、「すべる」は「スリップ」だと、われわれ常識みたいに使っているわけです。

クレームを、われわれは「苦情」と思っています。でも、英語のクレーム（claim）というのはもっと大変なことです。事故などが起きた時、当然の権利として主張するのが「claim」ですから、時には、賠償請求まで含みます。苦情は、「complaint」でしょうね。お客からクレームがついたというふうに部下が言ったら、上司の顔がサッと青ざめる。それがクレームです。相手は、当然の権利の上に立って、わが社に対して何かを言っている。ことによっては損害賠償さえ取られかねない重大なことですから。「ちょっとクレームついてさ」とわれわれはよく言います。でも英語の「claim」は「ちょっと」がつくことはないのです。

それから、デッド・ボールは日本にしかありません。こういう例はたくさんありますから、いいかげんにやめましょうね。野球の用語は漢語が多いのです。当たって痛いから「死球」、それを今度はデッド・ボールと英語に直訳してしまったわけです。これを英語で言うと、みんな怖がりますよ。

僕が一番笑ってしまったのは、トレーニングパンツのことです。おじいさんが家へ帰ると、息子がだらしないトレパンはいて、だらだらしてタバコくわえている——そんな光景が日本でよく見られるようになっていた頃です。「training pants」というのは子ども用の、つまりオシッコをした場合を考えた、オムツつきのパンツのことなんですね。オーストラリアだけかなと思って、英語の辞書を引いてみたのですが、やっぱり「用便練習用の幼児のパンツ」と出ていますから、「ちょっとトレパンで出かけていいですか」と言ったら大変です。だから、こんな外来語、外に対しては何にも役に立ちません。われわれだけに通用する勝手な言葉をつくった——それならそれでいいのですけど。

チェンジ・レバー、これはまったく通用しません。「gearshift lever」とか、イギリスなら「gear lever」とか。オーストラリアでも「gear lever」でした。

アンバランス、これは知っておいたほうがいいと思います。アンバランス「unbalance」というのは、精神的、心理的な不均衡のことを言う言葉です。形や経済的なことなどの不均衡は、インバランス「imbalance」と言わないといけません。私たちはこれらをすべてアンバランスと言っていますから要注意です。

ビルディングもそうですね。向こうへ行くと、建造物は全部ビルディング（building）ですけど、私たちが使っているビルディングは、コンクリートの高い大きな西洋風の建物というふうに限定しています。本家本元では、建造物一般を指します。外来語を使いたいのなら、もうちょっと正確に、アンバランスでなくてインバランスにしますとか、そういうふうにしてほしい——この辺は、悪口です。

それから映画の題名や女性向けの雑誌、ほとんどがアルファベット、ラテン文字です。「Hanako」などと、ラテン文字で書いて日本語という、不思議な折れ曲がり方をしているものもあります。

このように、見回せばすべて外来語、そして、もう一つ先の、日本の文字ではないラテン文字を使って、私たちは平気で生活しているわけです。ここまで言語意識がなくなったというのは、相当危険なのではないでしょうか。

グローバリゼーションは危険な言葉

次に、グローバリゼーション。これを唱えると、水戸黄門の印籠《いんろう》みたいに、みんな、参った参ったとなる（笑）。もう世界はそれで行くしかないというので、グローバル化とか、グローバリズムとか、グローバリゼーション。これは、ほんとに危険な言葉なのです。単純にこれを翻訳すると、世界化、地球化です。その意味は、思想とか行動とか、すべての価値を全地球的規模のものに広げるということです。では、どういう価値を広げるのかというと、これは大問題です。文化が広められるのはいい、けん玉が広がるとか、そういう人畜無害なものが世界中に広がるというのは結構ですが、たとえば思想は、どういう思想を広げればいいのか、どういうパターンの行動――あっ、パターンと言っちゃった（笑）、外来語は使わないように気をつけていたのに――どういう形の行動をすべきか、それを世界中一つにしようというのは、これは相当無理があります。

グローバリズムというのは、世界を一つの大きな共同体にしようという主義、あるいは運動で、ある意味ではとても結構ですし、国際連合も、われわれは大事にしなければいけません。それはわかりますけども、思想や行動を、世界中に広げるときの、その主体者は誰か。国連が主体者なのか。そうではないですよね、アメリカです。

だから、グローバリゼーションというのは、アメリカ化ということです。アメリカが大事にするものを、世界中に広めようということです。その一つの極端な、悲惨な表れとして、アフガニスタンの問題もあると思います。アメリカの価値が一番正しい、これが普遍的なのだと信じているアメリカのある人たちにとっては、やはり、まったく異質なイスラム世界があるのはたいへん邪魔でしょう。お金持ちの人たち、金融資本は、世界を均一にして、そこでマネーゲームができるようにしたいと考えていると思います。そのルールに従わないところがあると、困るでしょうね。

この方向から考えると、言葉では、英語が世界語ということになるでしょう。それこそJRのグリーン車に一時期「英語は世界語NOVA」と書いてあって、勝手におまえが決めるな、と思いましたけれど、事実は、いろいろな外国人たちを交えて会議をするときに、日本語でやるのはフェアでないので、日本人同士が英語で話すなどということもあります。ですから、英語がいけないと言っているわけではないのです。ただ、どういうときに英語を使うか、どういうときに英語を排除すべきなのか、というような見境がつかなくなってきていることが問題なのです。

『エコノミスト』のマインドとチャレンジ

次にあげる言葉は、『エコノミスト』の最新号から拾ったものです。あるページをバッと見たら、難しい言葉がこんなにありました。

マインドセット、これ、わからないでしょう。でも、この言葉は、お金儲けをしたいインテリたちが読む雑誌には、いつも出てきます。これは、心持ちという意味です。

それから、タフ・チャレンジ。これは、会社でも何かに挑戦するときに、かなり困難な、実現不可能ではないかという目標を掲げて、そこに向かってがんばって挑戦していくというようなときに、イージー・チャレンジではだめだ、タフ・チャレンジだ、というふうに使われています。これ、外国人に通用する言葉なのでしょうか？

それからボディ・マス・インデックス。これは僕、わかりませんでした。いきなりこういうのが出てくるのです。これは体格指数で、身長と体重と何とかを掛けたり割ったりすると数字が出てくる。そういう指数をこのように言うらしく、お金儲けをしたいインテリの人たちは、これがわかるらしいのです。

オルタナティブ、これは最初は二者択一、「どっち？」ということでしたが、今は代案とか、代替物ということで使われていますね。これは少し認知されてきました。

インフォームド・コンセント。この意味は、正確に調べますと、施すべき手術や治療の内容に関して、医者が患者に十分かつわかりやすく説明し、同意を取り付けること。一九七二年に、アメリカ病院協会が提唱しました。これは、裁判沙汰になると困るので、「こういう手術をしますけれども、死亡率は手術後二年間に三〇％です。よろしいですか？　やめますか？」ということでしょう。私は二年半病院で働きましたが、手術前などは事前相談というのがあって、患者とお医者さんはよく話し合うのです。「事前相談」では、漢字四つで黒々としていて気分が悪いというのなら、インフォームド・コンセントを、正確で、そして使いやすい日本語に置き換えなければならないと思います。そういう考え方は昔からあったにしろ、インフォームド・コンセントの意味を含む新しい日本語をつくらなければならなかったのではないか。物書きとして僕も反省はしています。

以上、『エコノミスト』のあるページから拾った外来語です。これ、全部わかる人は相当おかしいと思います（笑）。マインドセットなんて、気持ちとか、覚悟とか、心持ちとかにすればいいのに、マインドセットと言われるとがんばって、覚悟と言ったらがんばらないなんてことがあるんでしょうか？　とにかく、こういう状態なのです。だから若い人だけではなくて、こういう金融・経済の専門誌も、朝日新聞みたいないわゆる国民紙でも、今申し上げたような、とんでもない外来語を載せて、毎日読者に突きつけてくるのです。テレビのことは言いませんから、テレビは皆さんで判断してください。

朝日新聞の「新」の字が意味すること

次に、これは今日の日刊スポーツですけど、ヤクルトが日本一になりました。「近鉄いてまえ打線に、立ち直りのきっかけを与えずに、一気に決着させた」とあります。これ、おかしいでしょう？　この文章が成り立つためには、「決着」という漢語に「する」をつけて、日本語にしないとだめ。それが成立していてはじめて、使役が生まれてくるのです。でも、「決着する」という言葉は、市民権を得ていないでしょう。「決着をつける」が成語です。「決着をつける」「決着がつかない」というふうに、「決着」と「つく」「つかない」はセットになっています。そういう言葉を、下を省いて、勝手に「する動詞」にしてしまって、それを変形させて使っている。こういう例は拾いだしたらキリがありません。今では、普通の新聞を読まないで、こういうスポーツ紙だけで全部をまかなっている人が多いようですが、こういうものだけを読んでいたら……。ほんとに惨憺《さんたん》たるものです、この日本語の現状は。

ところで、朝日新聞の一面右上に印刷してある紙名、なんか変だなと思うところはありませんか。新聞の「新」という字の左側をちょっと見てください。「立」に、未来の「未」が書いてあります。これは「新」という字の、一段前の古い文字なのです。骨董屋が箪笥《たんす》を修理再生したのにさえ「リフォーム」を使う、そういう記事を載せる新聞が、なぜこんな古い文字を使うのでしょうね。会社ができたときの精神を忘れずに、それを題字に掲げるのだとしたら、それはそれで勝手です。でも、その紙面の記事がこうなんですよ。「時代だんすを扱う骨とう店の主人によれば、店がメンテナンスに責任を持つことが大事だ」――骨董屋がそんなこと言うかい（笑）。

こんなふうに、今、日本語はめちゃくちゃなのです。

世界の中の日本語

お配りした「世界の言語使用場面の分担」という表を見て下さい。これは井上史雄さんという、東京外国語大学の教授（現在は明海大学教授）がつくられた表です。英語がどんどん日本語に入ってくる。これは、日本人がのんきな性格で、勝手にどんどんいい加減に入れてしまうから、というわけでもなくて、実は世界的にもそうなのです。そのことを、この表が示しています。

一番上の独占場面というところは、ほとんど英語です。特に大きいのは国際航空関係、飛行機に関することはすべて英語です。ですから、ソ連が崩壊した後、しばらく旧ソ連ではよく航空事故が起きました。つまり、ソ連が崩壊してロシアになって、国際自由社会に入ってくる。そうなると、航空関係も国際的な慣習に従わなければいけません。そこで、それまでロシア語でやってきたパイロットたちは一所懸命に英語を勉強しました。でも、やはり英語のミスで事故がたくさん起こったということです。

コンコルドという超音速機がありますね。あれができたときに、当時のソ連も対抗して、超音速機を三百機近くつくったらしいのです。それが今、一機も残っていない

世界の言語使用場面の分担

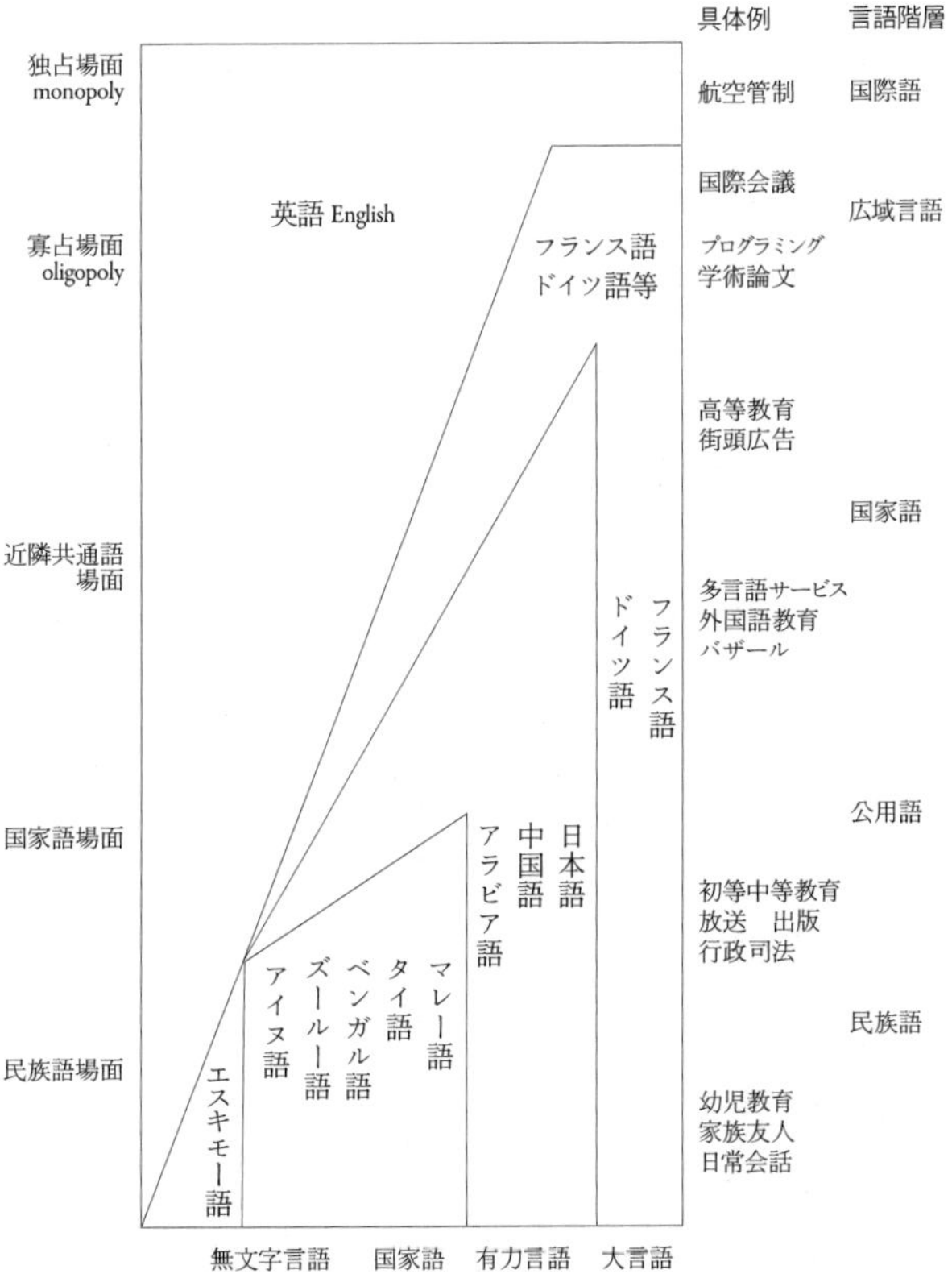

『日本語は生き残れるか』井上史雄著
（PHP 新書）より

（笑）。恐ろしい話でしょう？　報道管制を敷いてますから、飛行機が落ちても、報道しなければ事故はないのと同じですから、私たちは知らなかった。まあ、この話には責任は持てません、笑い話と思って下さい。

もう一つ笑い話を紹介しましょう。ソ連のマッチというのは非常に出来が悪い。ある時、モスクワ郊外のソ連最大のマッチ工場が全焼してしまいました。わずかに焼け残ったのはマッチだけだった（笑）。それからエリツィンが、非常事態にあたらせるために非常事態省というのをつくった。でも一日でやめてしまった。あらゆるところが非常事態だから。こういうふうに徹底的に政府とか偉い人たちをジョークで笑い飛ばすなんて、ロシアの人もなかなか偉いものだと感心してしまいます。

それはともかくとして、航空管制は今はすべて英語ですから、「英語は世界語」というNOVAの宣伝も、あながち嘘ではありませんね。

国際会議になりますと、英語以外に、フランス語、ドイツ語などが入ってきます。郵便関係はフランス語が共通語です。ですからアメリカに行っても、封筒にパールアヴィオン（Par Avion）と書いてあります。なぜかというと、それは国際的な郵便機構があって、郵便関係はフランス語を共通語として使うと決めたからです。たまには、そういうふうに英語以外の言語が国際共通語になっていることもあります。

この表では使われる場面が多い順に上から下へ並べてあって、プログラミング、学術論文、高等教育、街頭広告、多言語サービス、外国語教育……ずうっと下っていって日常会話。さすがに日常会話を英語でやっている場面はありませんね（笑）。

左側は、独占場面、寡占《かせん》場面、近隣共通語場面、国家語場面、民族語場面。下は、文字がない言葉、国の言葉になっている、国を越えて有力な言語になっている――ここにスワヒリ語とマレー語を入れたほうがいいと思います。マレー語というのは、インドネシア語をエスペラントみたいに整理したもので、インドネシア国家を越えてマレー半島あたりまで、あの辺に四千から五千のたくさんの島がありますが、その地域の共通語になっています。中国語、アラビア語、日本語もある地域の共通語になっています。韓国とか台湾とか中国で、商談を日本語でやっているところもあります。私自身もそういう現場を見たことがあります。

アフリカでは、スワヒリ語が共通語になっているようですね。そういうふうに、国からはみ出して、近隣の国々が共通語として使う言葉のことを、井上史雄先生は、有力言語というふうに言っています。

いわゆる大言語というのは、フランス語、ドイツ語のように、それを母語としない人にもかなり使われる言語です。一番かわいそうなのはエスキモー語で、文字もなければ、日常会話は家族・友人ばかり。幼児教育になると、きっと英語になるのではないでしょうか。脇道ですが、エスキモーと言ってはいけない、イヌイットだと言う人もいますけど、エスキモーの人はエスキモーでいいですと、僕に言ってました。

スペイン語が国連公用語になった理由

次に、国連の公用語を見てみましょう。第二次大戦の連合国、戦勝国の英語、フランス語、ロシア語、中国語、それからスペイン語です。スペインは戦勝国ではないのですけど、これは第二次世界大戦中、戦争以外のことで非常に活躍しました。それからアラビア語も公用語になっています。

先頃、われわれは、アメリカから「ショウ・ザ・フラッグ」(1)と言われましたね。外務省は意識して、「旗＝日の丸を見せろ」と誤訳したのではないでしょうか。皆さんご存じのように、「ショウ・ザ・フラッグ」は海軍用語で、態度をはっきりしろという意味です。僕は、ブッシュさんの、敵か味方かはっきりするときだ、という言い方は非常に問題があると思っています。これはデジタル思考です。そうではなくて、本当はイエスとノーの間に大事な領域があるのです。

さて、なぜ国連公用語にスペイン語が入ってきたかといいますと、第二次世界大戦中、スペインは中立国だったのです。その代わりに、徹底的に戦っている枢軸国と連合国の間に立って、戦争によって生じる悲劇をスペインがカバーして歩いたのです。

一例を申し上げますと、昭和十六年（一九四一）に、太平洋戦争が日本軍による真珠湾奇襲で始まります。その頃、カリフォルニア州にだいたい十二万人ぐらいの日系人がいました。もちろんアメリカ市民もいるわけです。日系で、そこで生まれて二世で、市民になっている人。それから一世でがんばって市民権をとった人。あるいは、稼いで日本に帰って、老後は日本人として終わろうと思っている人もいました。そういう人たちを含めて十二万人を、アメリカは、開戦から二週間後くらいのときに、一万人ずつの単位に分けて、強制収容所へ入れてしまいました。裁判もなにもなしで、財産も全部取り上げるのです。財産といっても、日系人は大したことないだろうと思われるかもしれませんが、調べていくと、一九四一年のカリフォルニアの流通業の六割を日本人がやっています。クリーニングは六割五分です。野菜の栽培は七割です。カリフォルニアというのは農業州ですけど、そこの生産量の七〇%近くを日系人たちが営々と働いて農場を作って、少しずつ増やして、他の国の人たちが絶対に目をつけないような高圧線の下の農地とか、そういう安いところをたくさん買い足していって、結局は日系人がいないと野菜が食べられないというぐらいの農業圏にしていったのです。それなのに、ある日突然、そういう農場をすべて捨てさせられ、汽車に乗せられて、シエラ・ネバダ山脈の向こう側の砂漠に急ごしらえで作られた強制収容所に、一万人単位で入れられたのです。持ち物もきびしく制限されて、八十センチ四方に納めなければなりませんでした。

スペインの仕事は、敵味方を問わず、世界中の捕虜収容所、強制収容所で、非人道的なことが行われていないかというのを見回ることでした。国際赤十字も関係ありますけど、何かそこで必要なものがあればそれを補うという、地味ながらも大事な仕事をしたのです。たとえば、日系人は、豆腐を食べたいのです。納豆も食べたくなるわけです。そういうとき、どうするかというと、サンフランシスコのスペイン総領事館に連絡を取ればいいのです。連絡を取りたいという収容者たちの意思は、収容所の所長といえども踏みにじることはできません。あとでスペインに知れたら叱られますからね。で、スペインの大使館から係が収容所に来て、「どうかしましたか、何ですか」と訊く。そこで、「どうしても納豆をつくりたい、日本から納豆菌を取り寄せてほしい」と訴えると、スペインがいろいろな経路でもって納豆菌を収容所へ届けるのです。そういうことを一所懸命やる国があるんですね、戦争の真っ最中でも。私は戦争に加わらない、しかし、あなた方がどうしても戦争をしたければ、われわれはちょっと穏やかに戦争をしてほしいと願うばかりです、とはいえ、戦争の結果、様々な不幸・不都合が生まれてくるでしょうから、私たちがそれを引き受けましょう、という立場、態度です。

スウェーデンも中立を守りますが、海運王国ですから船を全部提供して、人質交換船、捕虜交換船として使うのです。スウェーデンは、アメリカ大陸にいた大使館員の家族とか、商社の家族とか、留学生などをニューヨークで自国の船に乗せて、アルゼンチンを回って、そこにいる日本人を乗せて――アルゼンチンも敵国ですから――帰国させるという仕事をやるわけです。そして、日本からはアメリカの大使館員の家族などを乗せてアメリカへ向かう――そういう仕事をしたのです。

スイスはご存じのように連絡係です。八月六日、九日と、日本に二つ原子爆弾が落ちますけど、八月十三日に日本政府は抗議をします。「あまりにもひどい爆弾で、これは非人道的で、国際法違反で大変けしからん。いくら戦争とはいえ、こんなひどいことをやる権利があるのか。これは国際法に真っ向から反する凶暴な行為である」と、スイスに宛てて抗議するのです。スイスは、それをアメリカに取り次いでくれる。

つまりスイスは、枢軸国の一員として連合国五十五カ国と戦っている日本の国際社会での利益、権利を代行してくれたのです。

そんなふうに、戦争によって生じてくる様々な不都合を、全部ボランティアで解消していくという仕事がある。その道を、日本は選べばよいと思います。

スペイン語が戦後の国際連合の公用語に選ばれるには、以上のような理由もあったのです。

アラビア語には、いわく因縁があります。サウジアラビアとかあの辺からたくさん石油が出るようになって、それが世界の様々なことに重大な影響を与えはじめましたし、イスラム世界ということもあって、公用語になりました。

日本語は今のところ国際語になり得ませんね。もちろん世界中に、日本語を一所懸命勉強している人たちはいますけれども、今のところなりそうもない。その一つの理由は、語彙《ごい》、文法もやさしいし、発音は超やさしい（笑）のに、表記法となると――どう読むか、どう書くか、ということになると、突然、世界で最も難しい言葉に早変わりしてしまうからです。それはいずれ詳しく申し上げることにしましょう。

日本語をちゃんと何不自由なく使っているわれわれが、どうして日本語をもう一度勉強し直すのか。それには、こういう状況があるからですよ、ということを、まずお話しいたしました。

「カタカナ倒れ」でも「漢字倒れ」でもなく

今、日本語は「カタカナ倒れ」になりかかっています。グローバリゼーション、グローバリズムが、世界化とか、地球化というふうに、すべて漢字になっていれば、まだ意味がわかるのですが、わかったつもりでグローバリズムとか、グローバリゼーションとか、そういう外来語を使ってものを考えていく。先ほどのメンテナンスとか、リフォームがいい例です。プロジェクトだって「計画」にすればいいと思うのです。つまり、日本語で考えないで、外来語で考えているうちに、再生、改良、仕立て直し、改築、増築、改装というような違いが消えてしまうわけです。そのうちに、大きな誤差が生まれてくるでしょう。いかに私たちが英語を勉強しても、アメリカ人、イギリス人のように英語で考えることはできません。ものをしっかり考えるためには、われわれが自覚しないうちに、脳の発達と同時に、脳の一部として繰り込んできた母語を土台に考えるしかないのです。ところが、そういう脳の発達する一番大事な小学校の頃から、第二言語を入れようとする動きがあります。それができる子どももいると思いますけど、そこまで日本はアメリカの属国化していいのか、という気がしないでもありません。

外来語、カタカナ言葉の氾濫は目に余りますが、一方に「漢字倒れ」というのもあります。たとえば、カンキ、という音。カンキと聞いて、みなさん何を思い浮かべますか。

僕は、神吉拓郎というういい作家がいたな、亡くなってから何年になるかな、などと考えます。その場合、カンキという音を漢字が補完していくわけです。カンキという音の中に、「勘気」が解ける、今日は「寒気」が強い、「換気」装置、何かを呼び起こす意味の「喚起」もあれば、喜びの「歓喜」もあります。辞書でいつか拾ってみてください。たいていい三十いくつぐらい並んでいます。

それからショウカイ。「哨戒」艇、何とか「商会」、あの人を私に「紹介」してください、身元の「照会」、詳しく解釈するという意味の「詳解」もあります。

つまり、漢字があまりに便利で、造語力がありますので、インテリたちが漢字をたくさん使って、どんどん言葉をつくっていった時代がありました。外来語でどんどん変な言葉をつくっていくJRみたいな人が、過去にもいたのです。そういう「漢字倒れ」にも気をつけなければなりません。特にワープロが使えるようになって、書けない字でも漢字に変換しますから、今、若い人の文章というのは、漢字の使い過ぎ、「漢字倒れ」になりかかっていますね。

キーワードは「カタカナ倒れ」と「漢字倒れ」です。程のいい漢字の量で、ひらがなとカタカナをきっちり使って、正確で奥行きの深い、そういう文章を書いたり読んだりするためには、どういうふうに考えればよいのか。私たちは、まさに今、そのことを問われているのです。

そこで、この講座の正体を明らかにしますと、考えられる限りの、一番読みやすく、書きやすく、正確で、しかも潤いがある、そういう日本語を見つけようというのが、われわれの——急にわれわれになってごめんなさい、押しつけみたいで——私の野望なのです。漢字が多すぎるのも不便です。だからといって漢字制限をするとか、そういうことではありません。

大江さんはすごい

では、現存の作家の中で、その理想に一番近い文章を書く人は誰だろう、という方向から考えることも可能だと思います。僕なら、やはり丸谷才一さんかなとか、大江健三郎さんはちょっと漢字の使いすぎかなとか、まあいろいろ……。僕が学生の頃に大江さんがデビューして、あまりに素晴らしいので、もう小説はこの人におまかせ、自分は他のことをやろうという、大江ショックというのがありました。大江さんはたとえば「書物たち」という具合に、初めて無機物にも「たち」をつけたりしました。それから、比喩がすごい。有名な例で言いますと、オチンチンが縮こんでる様子を、「性器はどこかも縮みこんで膨《ふく》ら雀《すずめ》のように股座《またぐら》の屋根にちょこんととまっていた」という。「膨ら雀」って、なんだろうと思ったら、それがオチンチンのことなのです。それからセックスのことを「セクス」と、きれいに書いた人も大江さんですし、「灼熱《しゃくねつ》した鉄串《てつぐし》のような男根」とか、そういう比喩はそれまでなかったのです。

何からそういう話になったのかと言うと（笑）、つまり私たちは、いろいろなことを一緒に考えながら、「漢字倒れ」にもならない、「カタカナ倒れ」にもならない、そして、昔のものもちゃんと読める、子どもたちにも渡していける、きちんとした日本語の姿の見当をつけたい。それが、われわれの講座の目的です、ということを申しあげようとしていたのでした。

失われていく言葉

日本語の成立過程については次回に詳しくお話しするとして、基本だけを申しあげておきます。基本はこういうことです。

「たいへん便利で、大きな文明が入ってくると、そこにもとからあったものはなくなっていって、大きな文明に吸収されていく。言葉も然《しか》り」

今、世界中にどのくらいの言語があるでしょうか。学者によってずいぶん数が違いますけど、少数の人が使っている言葉も含めると、一万はあるようですね。

僕がオーストラリアに行ったときには、アボリジニの言葉はもう二十ぐらいしか残っていませんでした。百年前は二百五十あったのです。アボリジニの人たちは自分たちの言葉を失って、自分の子どもたちに英語を教わっているのです。自分の本当の言葉を失ったとき、人は主体性も失ってしまいます。何もできなくなるのです。

北米でも、カリフォルニア州だけで三百五十ぐらい、インディアンと呼ばれていた人たちの言葉がありました（今はインディアンという言い方はよくないらしいのですが、わかりやすくインディアンと言ってしまいます）。一万人以上の人たちがしゃべっていた言語が、もう四つぐらいしかありません。これも、百年前は、二百五十ぐらいありました。

それからエルサルバドル。一九三二年に、農民暴動が起きました。ここは十六世紀にスペインに征服されましたので、スペイン語を使う混血の上流階級と、インディオの人たちがいるわけです。インディオの人たちは、自分たちの言葉の使用を禁止されていました。で、いろいろな不幸もあって、俺たちの言葉をなぜしゃべってはいけないのかということで、反乱を——支配者から見れば暴動です——起こして、二万五千人ぐらい死んでしまいます。その後、インディオの人たちは自分たちの言葉を抑えて——殺されますからね——結局、その言葉はなくなっていくわけです。言葉が自然に消えるということはありません。必ず何かの、社会的、経済的、政治的圧迫で消えていくのです。

日本の言葉も、小学校で英語を教えようということになったときに、僕は本当に危ないと思いました。すべて、そうやって、言葉は消えていくのです。言葉は、実体がない。人間がそれを話すまでは、ないのと同じです。人間がそれぞれ持っている精神を、言葉というものに託したときに、つまり人間がいてこそ言葉は生きていくわけです。人間がいなくなったら、言葉は消えるのです。

一万人以上の人たちが使っている言語は、今、六千から七千ぐらいあるそうです。それが、二十二世紀の初め——われわれの中で、そこまで生きていらっしゃる方は、一人いるかいないか（笑）——には三分の一は消えてしまうだろうと言われています。そうした流れの中で英語が世界語化していく。そこのところに、アメリカ人の自負とおごりがあるのではないか。グローバル化、つまり、あらゆる価値を全部同じにしようとする時、その価値はアメリカが持っている価値だというのでは大変困ります。これは、イデオロギー抜きで、常識で考えても困ります。

僕はアメリカは大好きです。たとえば今度（九・一一テロ後、アメリカがアフガニスタンへの報復攻撃を開始したこと）も、国の方針に反対して国旗を焼いた人がいます。こういう人がアメリカにはいつもいます。そして、州の上級裁判所はその人を必ず有罪にします。で、有罪になった人は連邦裁判に訴えます。連邦裁には、どんなに国が非常事態であれ、一人一人のアメリカ国民の頭の中までは国は支配できない、という有名な判決があるので、その人は無罪になるに決まっているのです。そういうアメリカは、僕はとても好きです。でも、今ブッシュさんが叫んでいるような、「敵か味方かはっきりしろ」という善悪二元論には反対です。

道草をしているように思われるかもしれませんが、無駄話をしているつもりはありません。日本語がおかれている状況を、外来語、カタカナ語というところから、ある程度見渡せたのではないかと思っているのです。

二十世紀はアメリカの世紀と言っていいぐらいで、アメリカ人の生き方が日本人の理想になりました。アメリカは今や強大なコンピューターをたくさん用いているし、二酸化炭素を出す量もすごい。人口は世界の総人口の五%もいないのに、アメリカが出す二酸化炭素は、世界全体の量の二五%です。で、京都議定書には参加しない。そういう国の思想や行動をグローバル化しようといっても、そうはいかないですよね。これは、僕の個人的な感想です。

今、アメリカはアフガニスタンを攻撃しています。これも許されないと思います。アフガニスタンは世界の最貧国です。カブールという首都がありますが、あそこは難民都市です。逃げる術《すべ》もなく、ただ死を待っている人たちがいます。飢えて、病気で……特に子どもに赤痢がものすごくはやっている。そういうところへ、いくら狙いを定めて攻撃するといっても、少しはずれて、一日二十人、五十人の一般人が死んでいます。これもやっぱりテロなのです。

テロは絶対許せないから、どうすればいいかと言うと、これは数年前に国連で採択された条約があります。国連は、国際刑事裁判所機構と国際公開法廷を——テロや国際紛争の解明に当たる組織をつくろうとしています。そして、もし犯人がいたら、それは公開の国際法廷で裁判を行う。これは条約ですが、国連で採択されました。でも、六十カ国が批准すればすぐできるのに、いまだ四十カ国しか批准していないのです（二〇〇二年七月一日、六十カ国が批准）。批准していない国の頭目がアメリカです。アメリカに逆らって日本は批准してるかというと、アメリカが批准すれば日本も批准するという関係ですから、日本も批准していません（二〇〇七年、日本も締約国に）。

グローバリズムに立ち向かうために

ところで、ペシャワール会というのをご存じですか。または、中村哲さんというお医者さんをご存じですか。中村さんは今五十五歳ですが、九州大学の医学部を卒業して、病院勤めをしているうちに、十七年前に、アフガニスタンとパキスタンに、ハンセン氏病患者が多く、医療が十分ではないということを知って医療活動をはじめました。ペシャワールという町に基幹病院をつくったのです。ペシャワールは、五十六万人（八一年当時）のかなり大きな町で州都です。そこを起点に、アフガニスタン全土とパキスタンの北部に、十の診療所を持って、一年間に二十万人の患者を診ているのです。その人たちを募金で支えているのがペシャワール会で、維持会費は一年間で一万円。アフガニスタンでは、政府の高級官吏の年俸が一万円ということですから、一万円と言ってもとんでもない大金です。そのお金で、診療所と病院を維持しています。

ところが、去年の夏ぐらいから、ユーラシア大陸中央部、ヒマラヤの西側のあたりが、大旱魃《だいかんばつ》なのです。中村先生に言わせると、地球がほんとに変わってしまったと思えるぐらいの大旱魃で、井戸が全部かれてしまった。もともとアフガニスタンは麦、とうもろこし、果物の栽培が盛んで、水田もあります。ヒンドゥークシュ山脈などに降った雪が解けて流れて川になり、地下水になって、それを使って農業をやっていた国です。ところが水が出なくなった。そうすると、農業をやっていた人々は難民にならざるを得ない。子どもたちも水不足が原因で赤痢になって次々に死んでいくのです。

病気を治す方が先か、水を確保する方が先か。中村先生は悩みますが、井戸を掘る仕事をしてもいいのではないか、それは命の水をくみ上げる仕事だから、医者の仕事とつながるのではないかという考えがひらめいて、一昨年の夏から、アフガニスタンで井戸を千個掘ったのです。それも、現地の人たちと一緒に掘るのです。面白いのは、掘っていくと、子牛ぐらいの大きな石にぶつかることがあります。その石をどうするか。ソ連と戦っていた時代の、アフガン内戦のゲリラの隊長に頼みにいったのだそうです。元隊長は、地雷を解体して火薬をかき出します。また、ソ連が撃ち込んできたミサイル弾の不発弾も解体して火薬を取り出します。それらを石を砕くために使うのです。それだけじゃありません。ソ連が残していったキャタピラの、地面をかく歯というのは、世界で一番硬い鋼《はがね》ですから、それをはずしてノミにして掘って、火薬を入れて巨石を爆発させる。そうやって井戸を掘っていく。以前から黙々とそういうことをやっている日本人たちがいたのです。

そういう人たちから、僕は直《じか》に情報をもらっていますから、アメリカのやり方には賛成できません。普通の人が、逃げられない人が死んでいくのです。食料を投げるのもすごく危険です。あれを拾うために地雷群に人々が入って行く。今の地雷というのは非常に悪くて、人の命は絶対に奪わないのですが、片足、片手、顔がだめになる。そうやって、その人が生きている間、「おれたちの力を思い知ったか」みたいなことを宣伝する、つまり人間ショウウインドウをつくるための地雷なのです。食料などは、きちんとした組織を通して届ければいいものを、大向こう狙いで、世界中から「アメリカは人道的だ」と言ってもらうために、やっているんです。そういうフィルムもちゃんと用意されているのです。そういうアメリカ中心のグローバリズムに、私は言語の面から反対いたします。これが今日の結論です。

（1）二〇〇一年に起きた同時多発テロの後、アーミテージ米国務副長官が、柳井俊二駐米大使に対して発言した言葉。「旗幟《きし》鮮明にせよ」という意で、つまりは、米国をどう支援するのか具体策を求められたわけである。その後、当時の小泉純一郎首相が、自衛隊が後方支援するための新法を制定した。井上氏は後の講義で、それを非常に嘆いている。

第二講　日本語はどうつくられたのか

「レモンテー」が正しい日本語

今日（二〇〇一年十一月三十日）、アメリカの言う「戦争」に協力して自衛隊を派遣することになりましたね。ついに戦後このかた、軍事行動で一人も外国人を殺さず、同胞を死なせずという、立派な顔を持った日本が変わりましたね。自衛隊が出ていって、誰か一人撃ってしまえば、それから誰か一人撃たれてしまえば、五十五年間かかって築き上げた日本の、軍事行動で人は殺さない、殺されないという理念が壊れるわけですね。今日は日本が変わった日です。

今日は、そういう意味で、ちょっと沈んでいますが、元気を取り戻して、みなさんのご協力を得て、日本語について考えます。

次の表をご覧になって下さい。これは不思議な表でありまして、ちょっと説明します。

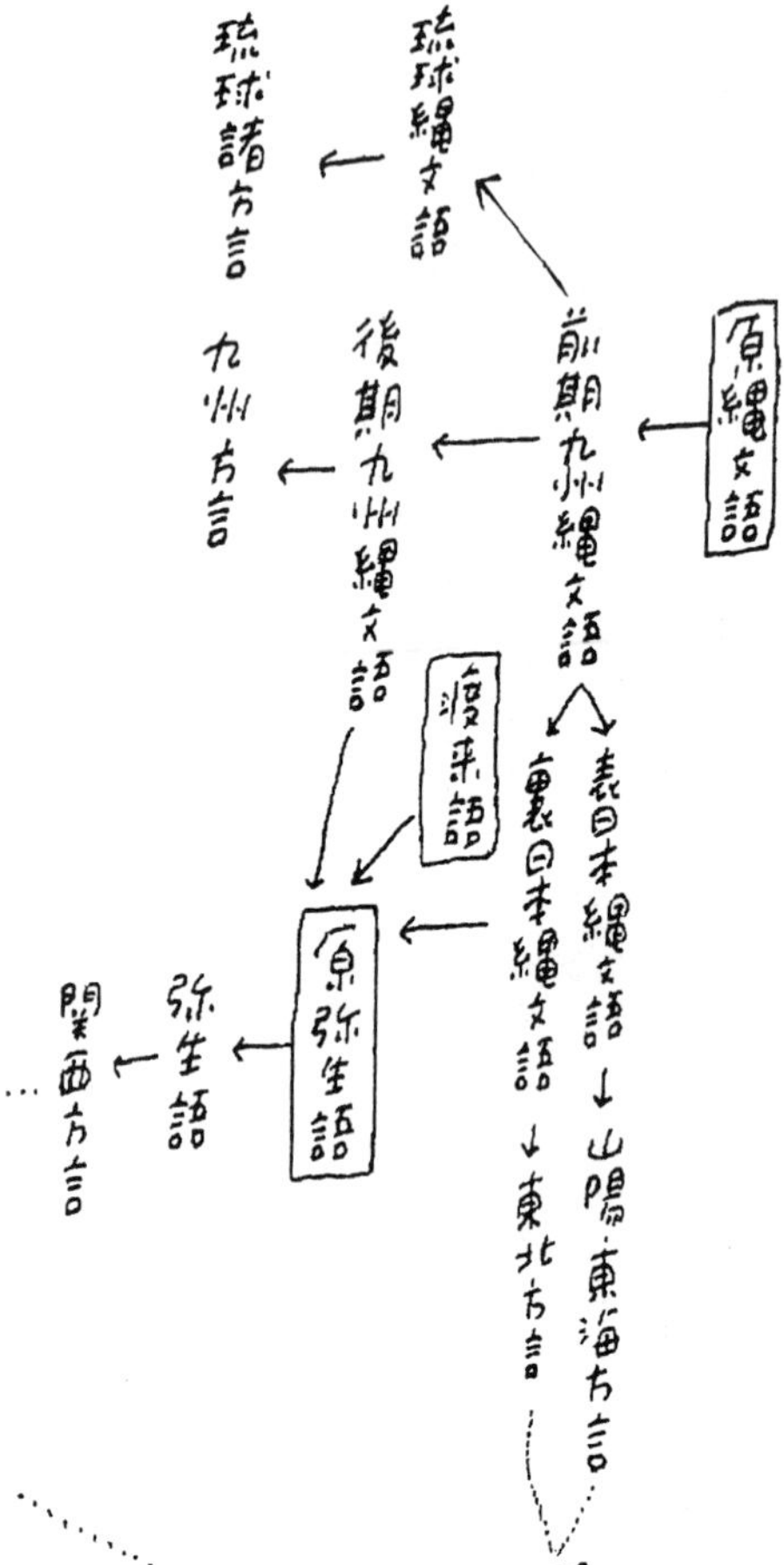

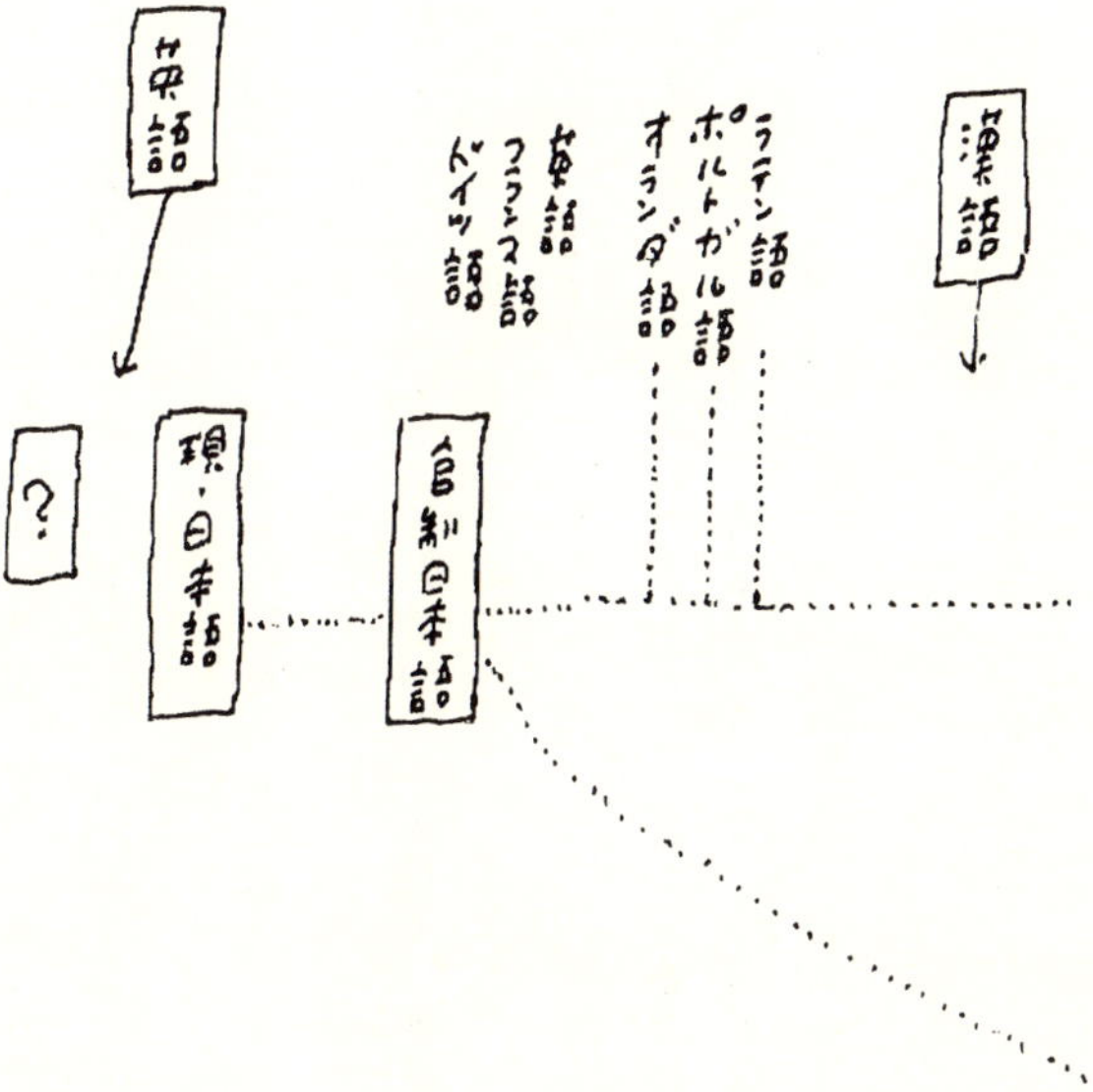
漢語
ラテン語
ポルトガル語
オランダ語
英語
フランス語
ドイツ語
英語
官制日本語
現・日本語
?

日本語はいつ始まったのか。これはわかりませんね。証拠がまったくありません。考古学とかいろんな言語統計学とか、言語計量学とか、他のいろいろな学問から類推していくしかないということです。

おおざっぱに言うと、紀元前約一万年ぐらいのころに日本列島が現在のようなかたちの島々になったようです。そのころ使われていた言葉、私は簡単に原縄文語と書きましたけれども、この原縄文語の前がどうだったかというのはわかりません。推測するしかありません。

ですから、まったくあてにならない説を申し上げますと、おそらく日本語の音韻は、どうも、南のほうから来ているらしい。これはみなさんも直感的におわかりになると思います。たとえばインドネシアとかタヒチのほうの言葉は、みんな、非常に開放的な音、母音で終わっています。今わたしたちが使っている日本語も開放音で終わるようになっています。

それから、一般的に音節といいますのは「あ・い・う・え・お・か・き・く……」というような、音声（音のまとまり）では、それ以上もう切れない音のことです。「あ」

は、これ以上切れませんね。「い」も切れません。「か」も、音声としてはもう切れない。ところが、ローマ字で書きますと「か」は切れるんです。日本語というのは、まず母音「あいうえお」があって、それから子音がありますね。「かきくけこ」以下は子音プラス母音です。「か」をローマ字で書きますと、「k」という子音と「a」という母音になります。その「k」と「a」を音素と言っているようです。でも、われわれは、音節を考えれば十分だと思います。紫式部も清少納言もみんな音節で考えていたわけで、音素で考えるということはなかったわけですから……。

日本語では音節は、百十四から百十六個くらいです。なぜ数が違うのかといいますと、これは人によって違うからです。たとえば戦後の日本人が獲得した音で、「ティ」という音があります。でも、「レモンテー」「レモンチー」「ピンクレデー」という人もいます（笑）。みなさん笑いますけど、こういう人が正しい日本語の使い手なんですよ。「レモンティー」という人は、それまでなかった音を、英語との類推で発音しているわけです。ですから「ピンクレデー」と発音する人の音節は百十四ですし、「ディ」とか「ティ」とか言える人の音節は百十五になります。

こういうふうに、日本人はごくごく最近、この二十年か三十年のあいだに、新しい音を使うようになりました。大江健三郎さんや加藤周一さんは、外来語をきちっと原語どおり発音しますね。「テレヴィ」とか、ちょっとキザと思ったこともありましたが（笑）、あれは正しい方法なんです。外来語を使うのなら、ちょっと発音を変えるとすぐ外で使えるようなかたちにしておくというのも、もうこうなったからには自衛策なのだと思います。なぜかということは、いずれゆっくり説明します。

日本語はどこからきたのか

さて、弥生語、あるいはもうちょっとさかのぼって原弥生語あたりから日本語は始まっていて、どこから来たのだろうかと、たくさんの学者が、それこそ百人の学者が百説唱えました。で、私は、もっとさかのぼっていくと、原縄文語というのがあるはずだというふうに考えたわけです。原縄文語の先はわかりません。

例の考古学の藤村さん[1]、どんどんさかのぼっちゃったんですよね。北京原人よりもっと古い日本人がいたというので、ちょっと大騒ぎになりましたが、全部嘘だった。これは僕、大好きな事件です（笑）。誰も迷惑してないんですよね。迷惑したのは、新しい歴史教科書をつくる会の人たちくらいじゃないでしょうか。日本人はかくも古いんだぞ、人類の発祥はアフリカと日本だなんて言い出しかねないところへ、捏造《ねつぞう》がばれたために、やっぱり日本列島に人が住みだしたのは三万年前ぐらいかなというふうになりました。まあ、よかったといいますか、あの事件はとてもおもしろかったです、私は。

さて、原縄文語の前はちょっとよくわからないんですが、とにかく、発音は南のほうから来た人たち、たとえばヤマイモを育てている国からやって来たと言われています。つまり、すぐれた文明を持った人は、かならず言語的にも勝利するのです。というのは、ヤマイモというのがないところへヤマイモを持ってくるわけですから、どうしたって、「ヤマイモ」という、外から来た言葉を使わざるをえないわけですね。このへんの理屈は、よくおわかりだと思います。

それから文法の問題。言葉というのは、語彙と文法でできています。書き方とかいろいろありますが、基本は語彙と文法です。語彙というのは「開かれた系」の中にあり、出入り自由なのです。どんな外来語であれ、どんどんどんどん、私たちの語彙に入ってきてかまわない。まあ、おおざっぱに言えば、です。でも、文法は「閉じられた系」で、他のものは入ってくることはできません。一例をあげると、日本語の場合、助詞は後ろにつきますね。「私」という名詞のあとに助詞がついて、「私が」「私の」「私に」というふうに、主格・所有格・目的格になります。こういう文法は変わるのかというと、これはなかなか変わりません。「私」の前に格助詞をつけよう、そのほうが便利だよと誰かがいったとしても、これ、なりませんよね。「を私」とか「へ私」とかいっても、ただ「おっ、私」と驚いているみたいで、何も起こりません。文法を壊すのは非常にむずかしいのです。

そこで、日本語の文法はどこから来たかということですが、これまたいろんな先生方がいろいろ研究なさって、そのなかで信頼するに足るといいますか、そうだろうなと思われるのは、ウラル・アルタイ語族。つまり、トルコ語と日本語がよく似ているとかいろんなことから、どうやらウラル山脈のあたりからシベリアを通ってやってきたのではなかろうか、ということになっています。では、語彙はどうだったか。これはよくわかりません。それからどういうしゃべり方をしたかもわかりません。ただ、そういう状態のところへ、南のほうから、「ヤマイモ」という、木の実とか獣ではなくて、栽培のできる作物を持った人たちが、日本にやってきたのではないかということが考えられるだけです。文法と日本語の音韻が、そこでなんとなくできあがった。それが、原縄文語へつながっていくわけです。

東北弁は標準語だった⁉

私は東北出身ですので、きょうは東北に有利な展開をしていきます（笑）。まず簡単にいいますと、いまの東北弁が全部日本を覆っていたんです（笑）。いや、ほんとうですよ。これからちゃんと立証しますから。東北弁こそが日本の原縄文語なんです。あるいは縄文語と言ってもいい。誰も信じていらっしゃいませんね（笑）。それは当然です。何の証拠もないですから。ただ、出雲は東北弁なんですよね。出雲の人は、たとえば「山形県ちじ」とは言えないんです。「山形県つず」になります。それから「日本ちず」とも言えません。これは出雲と東北地方の大きな特徴なんです。

松本清張さんの『砂の器』をご存じでしょうか。殺された人はどうもズーズー弁でしゃべっていたようだという情報があって、「カメダ」という言葉を残していた……ここで清張さんの作品の解説してもしようがないかな？　いえ、これ、大事なことなので申し上げますと、秋田県に「亀田」というところがあることがわかって、刑事がそこへ行って調べるけれどもラチがあかない。実は、同じようないわゆるズーズー弁が出雲にあって、そこに「亀嵩（カメダケ）」という地名があることをつきとめて……というのが、『砂の器』のメイン・プロットでした。

それから沖縄もそうなんです。東北と出雲と沖縄にいわゆるズーズー弁が残っています。「ち」と「ず」と言い分けることができないわけですね。いまでは訛《なま》っているということになりますが、縄文時代には、そういう意識はもちろんありません。「知事」は当然いませんでしたし（笑）、「ち」と「ず」が一緒でかまわないという、そういう音韻体系を持っていたのです。

柳田国男の『蝸牛考《かぎゅうこう》』という有名な論文、みなさんお読みになったことがあると思います。ある勢力の強い中心があると、言葉というものは絶えずその中心から生産されていって、かたつむりみたいに、渦巻きのように、ずーっと広がっていく。中央の言葉は絶えず生まれますから、また追っかけて、広がっていく。そうすると、一番古い形が一番奥、中心から遠いところに残るという、有名な理論です。

都市もかならず、一旦、南へ発展していきます。それから西に行って、次に北に発展していって、それで東に戻るんです。東に戻ったときには、もうその都市の寿命は終りというふうによく言われます。東京を考えてみましょうか。まず南へ発展して行って、次に西の新宿へ来て、それから北の池袋に行って、それでもう一度上野あたりが栄えてきたら、終りだということになります（笑）。このたとえ話は単なる付録ですよ。

いずれにせよ、日本全土を東北弁が覆っていたというふうに、私は考えています。東北弁というとみなさん腹が立つでしょうけど、原縄文語と考えて下さい。

言葉の〝チャンポニザシォン〟

縄文時代後期ころでしょうか、九州に、朝鮮半島から、あるいは山東半島、杭州、福建省あたりから、いろんな人たちがやってきました。地図を見ると、九州と朝鮮半島、大陸は、ほんとうに近いんですよね。ですから、中国で戦乱が起きたり、迫害があったりすると、みんな逃げてくるのです。

ここで、今度は現在の言語学の術語をいくつか拝借します。みなさん、ピジン語ってご存じでしょう。ピジン・イングリッシュというのがありますよね。たとえばカリブ海あたりの島で綿の栽培が始まったとします。奴隷が連れられてきますよね。主人は英語で奴隷たちに命令する。奴隷の人たちはそれを最初のうちはただ聞いているだけなのですが、仕事の内容がわかってくると、次第に英語も少し使うようになります。自分たちが使っている言葉を応用しながら、英語を使い始めるんです。これがピジン・イングリッシュ。

僕が実際に行ったことのあるサン・バルテルミー（Saint Barthélemy）というカリブ海の小さな島の話をしましょう。海賊の発祥の地だというので調べに行って、嘘だったというのがわかってがっかりして帰ってきたんですけど（笑）、ここはロックフェラー家とロスチャイルド家という大財閥が買って持っているんです。自分たちがのんびりするために、島の半分に商店街をつくって、世界で一番おいしいフランス料理のレストランもつくったんです。この島は個人の持ち物なのでなかなか行けないし、飛行機も十人乗り以上の飛行機は入れないんですよ。でも、海賊の発祥の地らしいし、ロックフェラーやロスチャイルドだって現代の海賊だなとか思ったので行ってみたのです。

そこの住人は、みんなフランス人との混血になっていますけど、不思議なフランス語を話していました。フランス語は、複数になるとまず冠詞が変わるでしょう？　それから性別によって形容詞が変わります。動詞も変わってきますね。これは、面倒臭いわけです。非常に不合理なんですね、客観的に見ると。そこで、冠詞さえちゃんと複数にすれば、他は原形を使ってもわかるじゃないかという、非常に合理的なことを考えるわけです。だから、数に関しては、複数であることを示すのは冠詞だけでやって、あとはぜんぜん手をつけない。それから女性・男性も冠詞でやっていく。それでもわからない場合には、形容詞だけちょっと変化させるとか、全部、手を抜くわけです。そうすると、フランス語は一番偉い言語だと思っているフランス人から見ると、ものすごくいいかげんなフランス語で問いかけてきたり、意見を言ったりする。まあ、ひどいフランス語だとは思いますが、実は言語学的に非常に合理的で、こういうのをピジン・フレンチといいます。

こういうふうにチャンポンにした——僕はこれを勝手に「チャンポニザシォン」と言っているんですけど（笑）——言葉、それがピジン語です。ところが、そこに子どもが生まれますと、お父さん、お母さんが話している、そのチャンポンの言葉が、自分の母語ですから、それを完璧に使い始めます。そうすると、クレオールという、安定した言葉ができるのです。実は、言語がぶつかると、かならずこういうことが行なわれるのです。いまは、日本人は英語とのチャンポニザシォンというやつで生活しているわけですね。

「やまとことば」はいつできたのか

さて、日本の縄文語です。北九州に流れ着いた人たちは、初期の稲作栽培の技術を持っていたと思われます。

国語学者の大野晋《すすむ》さんの「タミール語源説」をご存じですか。雲南省のあたりで最初の稲作が始まって、その技術を持った人たちが南と北に分かれていって、南はインド大陸の先端のタミールに行き、北は日本にやってきた。田んぼに関係する言葉、稲とかそういう言葉がタミール語と日本語は非常に似ているんですね。そこから大野先生は、ある言葉がふたつに分かれたのではないかという説を唱えておられます。大野先生はとてもいい人なんですよ。で、僕は大野先生を信じます。その結果、僕はこの説を信じています。僕がカトリックに入ったときと同じです（笑）。素晴らしい修道士がいる。では、その人が信じているものを信じようじゃないか。僕のパターンはいつもこれなんですね。

ただ、客観的に考えると、ものごとはそう単純ではないようです。何回も何回も、北九州や下関とか山口あたりに、朝鮮半島から、あるいは中国大陸からいろんな形でいろんな技術を持った人が流れ着いたり、逃げてきたりした。言葉のことでいうと、東北弁のなかに逃げてきたのです。ところが、彼らは中国語の音を持っているわけです。そこでなにが起きたのか。

ご存じのように、ズーズー弁にはアクセントがありません。ああいう面倒くさいものはない（笑）。でも、関西弁、特に京都弁にはアクセントがあります。四つの形があって、例えば、「はし」にも四種類あるらしい。僕はいつでもアクセントなしの「はし」です。文脈で、食べる「箸」か渡る「橋」かわかるはずだという、非常に合理的な考え方を東北人はしていますから……。

ところが、面倒なアクセントなどない、とてもいい状態のところへ、中国の人たちが入ってきたためにアクセントができてしまったのです。中国の四つの声、四声《しせい》は京都のアクセントと実によく似通っています。ただそのことだけで、私はこの説を考え出しました（笑）。しかし、当たらずと言えども遠からずというか、可能性はあると思います。つまり、原縄文語というのは、意外なことに東北弁みたいなものであった。なにしろ当時は寒かったでしょうからね、あまり口を開かないですむ発音をずっとやっていた。そこへ、違う文化を持っている人たちが、そう大勢じゃないにしろ、やって来ました。彼らの中では、原縄文語と自分たちの言葉のチャンポン化がかならず起きてくる。で、ピジン語になります。

ところで、稲作というのは、稲の種を持ってきただけではダメで、水田を作るとかいろいろな技術が必要です。そうした技術を持った人たちが東北弁の原日本人のなかで暮らしていくうちに、技術では勝ってしまいます。そして、技術の言葉が日本列島をだんだん席巻していきます。でも、ふだんの言葉に関しては、東北弁とのチャンポン化が行なわれて、そうこうしているうちにアクセントが出てくる――のではないかな、とぼくは思ったのです、きのう、突然（笑）。でも、そんなに間違っていないと思います。あんまり信じてくれなくてもかまいません、所詮わからないんですから（笑）。わからないから諸説たくさんあるわけです。

重要なことは、その勢力が大和へ入ってきたことです。『古事記』を見てもわかりますように、出雲との戦争が始まります。今度はなぜ、伊勢神宮と出雲大社という二つの大きな社《やしろ》があるかということが問題になります。天《あま》つ神と国つ神の戦いの結果なのです。天つ神というのは、北九州から始まって、関西を北上して、大阪、京都、奈良あたりまで進んできた勢力です。一方、もとからいた勢力である国つ神の出雲はなかなか帰順しません。一旦降参したふりもしますが、なかなかしぶといのです。それでいわゆる東北弁が残った（笑）。

東北弁は変化していきます。すごい文化を持って北九州に上陸してきた人たちは、東北弁をうまく取り入れてアクセントなんかもつけながら、縄文語を土台に、言葉を関西弁にしちゃったわけです。これ、非常にいいかげんな話でしょう（笑）。関西蔑視と非難されるかな？　あくまで一つの象徴として聞いてくださいね。

さて、北上してきた天つ神の人たちも東北までは行かなかった。遠いし寒いから行けなかったのでしょうね。一方の出雲は、表面上は帰順したものの頑張るのです。明治維新のときに、伊勢神宮を国の社にするか、出雲大社を国の社にするかで大変もめたくらいに頑張っていました。結局は『古事記』に従って、伊勢神宮が国の社になり、出雲大社は結婚式に限られてしまいました。

ちょっと整理しましょう。まず東北弁があった——非常に便利なので東北弁といっておりますが、これは考え方です——そこに高い技術を持った人たちが入ってきた。その人たちが、ふだんは東北弁と自分たちの言葉をチャンポンにしながら言葉を変えていった。奴隷が使う英語、フランス語のようなものです。しかし、技術の言葉は、東北弁には翻訳できませんから、そのまま使うわけですね。で、そのうちに出雲との戦いが始まりました。出雲はなかなか帰順しなかったけれども、最後はやっつけられてしまった。でも、出雲は精神的には降参していないのです。そこで、古くから日本列島にあった言葉、つまり東北地方の音韻と似たような音韻が出雲に残ったのではないかなと私は思っています。少しは信憑性が出てきたでしょう？　どなたも頷《うなず》いてくださいませんね（笑）。

私が問題にしているのは、「やまとことば」がいつできたのかということです。「やまとことば」とは、大和地方でできたわけではなくて、漢語が大量に入ってくる前に基本になっていた言葉のことです。これがいったい何であったのか、昔から疑問を持っていたので、こういう説を立てたりして遊んでいるわけです。

輸入された政治の言葉

稲が入ってきて縄文時代は終わりました。稲は最高の作物ですから、ヤマイモなんか問題になりません。稲は保存がききます。保存がきくから、今度は、少し力のある人が、その稲を、籾《もみ》を集め始めます。これは今で言う「貯金」です。そうやって力を持った人はどんどん大きくなって豪族となります。豪族同士がまた、合従連衡《がっしょうれんこう》があって、さらに大きな豪族になる。その最大の豪族が大和にできた豪族です。

そんなふうにして、ある大きな集団がだんだんとひとつにまとまってくる――国になる――と、どうしても、ここには政治の言葉が必要になります。行政の言葉です。ところが、私たちの遠い先祖は、自分たちの言葉で政治の言葉をつくろうとはしなかったのです。どうしたのかというと、当時の先進国である中国大陸から「律令」を持ってきたのです。「律」は刑法、「令」は行政ですね。単純に言ってしまうと、どういうふうにして税金を集めるかということです。税を収めないやつ、歯向うやつを罰するのは刑法です。ここに「律令」の言葉が入ってきました。漢字です。

それから、国にはイデオロギーが必要です。こういう国を建てるんだという目標みたいなものがいる。何に価値を置くのかということです。これには世界観が必要ですから、仏教を持ってきました。仏教で、生まれたときから死ぬとき、死んだ後、すべて説明がつきますから、こんなにすごい世界観はないわけです。これが世の中の真理だ、これを勉強して、このとおり生きていけば間違いないんだという、いまの言葉で言うと、壮大なイデオロギー。それが仏教で、すでに全部漢語になっていて、漢字で入ってきました。

こういうふうに、近くに大変な文明国がありましたので、できたての大和国家は、国の運営をしっかりするために、隣りの文明国から、さまざまなものを持ってきました。

「律令」という行政システム。そして漢字。漢字が入ってくると、インテリが発生します。それまでインテリというのはいなかったといっていいでしょう。でも、字があると、それを読めるか読めないかというのが問題になってきます。それで留学生が出てくる。中国に留学生が行って、これは日本の役に立つなと思うものを持って帰ってくるのです。漢文が読めるというのが、超インテリで、そういう人たちが、また日本語を変えていくわけです。明治維新のときとよく似ています。

言葉は絶えず変化する

やまとことばにはもともと「ン」という撥音《はつおん》、はねる音はありませんし、「ダッダッ」とか、息を「ウッ」と呑む促音、つまる音もなかったのです。それから「キュ」とか「シュ」ですね、拗音と言いますが、それも実はなかった。でも、漢字が読めるインテリたちが「ン」「ッ」を使い始めると、ああ、あの人はインテリだな、ということになっていきました。ちょうど、いま「テレヴィ」なんて言う人と同じです。あの人、インテリで中国帰り、政府のお役人で偉い人だ、というわけで、その発音を真似して使っているうちに、やはりみんな、そういう音を使うようになりました。そんなふうにして日本人はどんどんどんどん、音を自分で足していきました。一方では、母音を整理するのです。有名な話ですけど、母音は昔は八つあって、そのうち七つになって、いまの五つに落ち着いたということになっています。

ここまでをまとめますと、言葉というのは、絶えず、かならず他の言葉とぶつかる。ぶつかるというか、重なっていくわけですね。その際、人口の多いほうの言葉に少数のほうが合わせて、そこでピジン語を作る。その子どもたちは、それを、神さまから授かった言葉と思って、その言葉で考える。お父さんとお母さんたちは、命令をきくとか主人に報告するとか、そういう言葉しか使えなかったのに、それを聞いて育った子どもたちは、それを完璧な、昔からあるような言葉に完成させていくわけですね。これをクレオールといいます。こうしたことが絶えず、昔から現在に至るまで行なわれているのです。

いずれにせよ、大陸からやってきた人たちの言葉によって四声を生かしたアクセントのある関西弁ができつつある折も折、稲作によって豪族が生まれるようになります。

余談ですけど、ヤマイモなんていくら食べてもしようがないでしょう？　腐るのも早いから蓄えることもできません。ということは、農耕社会以前には、いわゆるお金持ち、豪族などは出てくるはずがないのです。あの人は強い人で、きょう、兎を五十匹も捕ってきたとか、まあその程度のことはあったでしょうが……。この点、米は他の穀物とはまったく違うのです。

ここで突然「農業講座」になります（笑）。人間にどうしても必要な八種類のアミノ酸があります。必須アミノ酸といって、学校で教わりましたよね。この必須アミノ酸をすべて持っているのは、あらゆる食べ物のなかで米だけなのです。そのうえ、米は保存がきく。それから塩だけで食べられます。麦粒を茹でて塩と牛乳で食べるオートミールというのがありますが、あまりおいしくない（笑）。いずれにせよ、いま食糧に困っているところは、みんな、小麦じゃなくて米で援助してくださいといっています。世界中、どこでもそうなのです。麦ですと、おかずがたくさんいるし、油も必要ですからね。米は油も含んでいるし、一種の完全食品なのです。それを日本人が捨てていくという、いまはとても悲しい日本人になっていると私は思うんですが……。

それはともかくとして、国家ができるときに、国家の方針、理想として、仏教が必要で、行政や刑法においても律令という、中国のものが必要で、それらが全部漢字で入ってきました。それを使いこなしているうちに、中国のほうで大乱が起きて、中国との往き来が停止されるのです。

やがて、漢文を読むためにいろんな工夫をしているうちに、片仮名が生まれてきます。その片仮名をもとに平仮名が生まれます。公的な記録文はすべて漢字だけれど、個人的なものになるにつれて片仮名が使われ、さらにもっと個人的なものになってくると平仮名で書くようになっていったのです。こういうことは、みなさんご存じですよね。

『こゝろ』はなぜ平仮名か

ところで、「準備する」とか「具体化する」とか、漢語+「する」という使い方、これは大変便利で、私たちもよく使っています。ここから、漢語をどういうふうに文法のなかへ組み込むかという工夫が行なわれていくようになります。

遣唐使も遣隋使も出さなくなったあと、日本は閉じた国として――実際はたくさん出ていく人がいるのですが――一応きちっと閉じた国として、やまとことばと漢語を使いながら、言葉を熟成させていくのです。途中で、戦国時代のころにラテン語とかポルトガル語とかオランダ語が入ってきました。「カステラ」とか「ランプ」とか「羅紗《ラシャ》」「ビードロ」などの外来語がたくさん入ってきますが、基本的には、たくさん蓄えた漢語と、その前からあったやまとことばを熟成させたのが日本語であると言えるのではないかと思います。大づかみにやっていますので、いろいろ乱暴なところがあるかもしれませんが、大枠としてはそう言ってもいいでしょう。

私たちはいま、昔からのやまとことばである和語と、中国から借り入れた漢字を使った漢語と、欧米から借りた外来語を一緒にして、微妙に使い分けながら生活しています。たとえば「ひとつ」はやまとことばですね。「一《いち》」となると、これは漢語です。それから「ワン」という外来語を使うことがあります。あるいは「ひと」はやまとことばで、「人間」は漢語、そして「マン」という英語、これらを私たちは微妙に使い分けています。「(店を) ひらく」というやまとことば、「開店」という漢語、それから「オープンする」ともいいますね。これは、「開店する」という、漢語＋「する」の使い方と同じです。

夏目漱石に『こゝろ』という題の作品がありますが、なぜ漢字の「心」にしなかったのでしょう。きっと、ごくごく少数かもしれないけれど、「しん」なんて読む人がいるからでしょうね。しかも、平仮名に開いたことによって、ある意味で「深み」が出ています。題名ひとつでも、漱石はそうやって神経を使いました。では、漢字は使わないのかというと、もちろんそうではなくて、「吾輩は猫である」「硝子戸《ガラスど》の中《うち》」なんて題名もあります。

ふだんはあまり気にしていませんが、私たちは三種類の言葉を本当に微妙に使い分けているのです。「きまり」やまとことば、「規則」漢語、「ルール」英語、これをどういうふうに使い分けているか。家庭で子どもがなにかをするときに、「それはうちのルールですよ」と言うと、かなりいいところのうちで、嘘くさい（笑）。「それはうちのきまりじゃないの」と言うと、まあぴしゃりとくる感じ。「うちの規則でしょう」と言うと、なんか、寄宿舎みたいな家という感じがしますよね。これ、微妙に使い分けているわけです。その他、「わざ」「技術」「テクニック」、「おおい」「被覆」「カバー」、「すみ」「一隅」「コーナー」、「ためし」「試験」「テスト」。「あした試験がある」と言うと、それによって一生が変わるかなという感じが多少しないでもないですけど、「あしたテストだ」と言うと、毎日のテストか一週間に一度のテストか、まあ、たいしたことないな、ちょっと映画でも見に行こうというような程度です。「あしたためしがある」と言ったって（笑）、「えっ？」と聞き返されるだけでしょう。

こうやって、微妙な使い分けを、私たちはほとんど意識せずにしているのです。「かたち」「形態」「フォーム」、「えらぶ」「選択」「チョイス」、「とまる」「停止」「ストップ」、「切る」「切断」「カット」などなどたくさんあります。

ほんとうに日本語は大変ですよね。やまとことばと漢語と外来語の三つを覚えなければなりません。いま、やまとことばだけで通そうとしても無理です。漢語だけでも通せませんし、外来語だけではもちろん通せません。ですから外国人は苦労すると思います。

日本語の音韻体系は簡単で簡潔で、非常な合理性を持っています。五十音図を思い出して下さい。あれで日本語の音全部を言い尽くしているわけですからすごい。ところが、書き文字になると、最低三つのニュアンスをちゃんと知った上で使いこなしていかないとダメなんです。あの人は語感が悪いとか言いますけど、それは、この使い分けのことなんですね。作家の文章でも、漢字やカタカナの選び方がどうもうまくはまってないなという場合は、この人は語感がちょっとね、なんて言います。それぐらい、日本語の書き文字はむずかしいのです。

芝居はやまとことばで

おもしろいと思ったのは、昔は、つまりやまとことばでは、火事のことを「ひのこと」と言っていたんですね。そこへ漢字が入ってきました。で、漢字で書くとどうなるかというと、「ひ」は漢字にして、「の」は平仮名にして、「こと」を漢字にして「火の事」。次に、それを漢語読みして「火事」にするわけですね。「ひのこと」「ひのこと」と言っているうちに火の粉が飛んできたのか(笑)、だいぶ焼けてしまったのか、やっぱり「火事」と言うほうが早いということでしょうね。

同じように、「大根」のことを昔は「おおね」と言ったんですけど、その「おおね」

を漢字で書いて、次に漢音読みか呉音読み、とにかく中国風に読んで「大根」になります。「ものさわがし」「物騒」、「ではる」「出張」、「かえりごと」「返事」、みんなそうです。

いま、私たちは漢語もやまとことばも普通に使っていて、きちんと区別できないのではないかと思います。そこで、どなたか、一から十まで数を数えてくださいませんか。「イチ、ニ、サン、シー」というふうに。

学生　イチ、ニイ、サン、シー、ゴー、ロク、シチ、ハチ、キュウ、ジュウ。

井上　逆に、今度はジュウから下ってみてください。

学生　ジュウ、キュウ、ハチ、ナナ、ロク、ゴー、ヨン、サン、ニー、イチ。

いま、実によく出てましたね。上っていくときは漢語でちゃんと言えたんですよね。イチ、ニ、サン、シー、ゴー、ロク、シチ、ハチ、キュウ、ジュウ。逆のときには、ジュウ、キュウ、ハチ、「ナナ」と言ったでしょう。これ、やまとことばなんですね。上っていくときは「シチ」と言ったはずなのに、下りになると「ナナ」になって、ロク、ゴー、「ヨン」とおっしゃったでしょう。上るときは「シー」だったのに、下るときには「ヨン」。つまり、普通、上るのはいつも言っているのですが、下ることはあまりしないでしょう。そこで本性が現れます（笑）。こういうふうに、私たちはもう区別ができないぐらい、無意識に的確に漢語とやまとことばを使いこなしているのです。

私は芝居も書いていますが、台詞はやまとことばでないとだめなんです。漢語では、お客さんの理解が一瞬遅れます。演劇の場合、時間はとまることなくずーっと進行していきますから、お客さんがちょっとでも考え込むと、その考え込んだあいだだけ、続く台詞が聞こえなくなります。そうすると観客の意識に、ぶつぶつぶつぶつぶつ穴があいてくるわけですね。それを避けるために、なるべく漢語はやまとことばに言い換えています。やまとことばというのは、けっこう、たくさんあるんですよ。いま、やまとことばと漢語を区別していない字引が出てきまして、これはちょっと困ります。『新潮現代国語辞典』は見出しで、やまとことばは平仮名、漢語はカタカナというふうに区別していますから、好学の士は覗《のぞ》いてみてください。

私たちの生活の基本になっているのは、ほとんどやまとことばです。「寝る」「走る」「食べる」「食う」。それから「すねる」「いただく」「縫う」「煮る」「焼く」など、基本の言葉はすべてやまとことばです。当然そうですよね、漢語が入ってくる前から、私たちは寝たり起きたり食べたりしていたんですから。

漢語というのは、完璧にマスターしているようでも、○・○一秒ぐらい、私たちの頭のなかでなにかが起きているんです。ですから、漢語が多すぎる芝居はつまらない、おもしろくないのです。

外来語になるともっと顕著です。芝居の台詞は、「それ、きまりだろう、きみ」と言ったほうがピシャッとくる。「それはルールだよ」と言うと、観客はわかるんだけど、ウッウッと一瞬、頭のなかでなにかが働くんです。細胞一個分ぐらい動くという感じですね（笑）。

漢字は組み合わせてこそ生きる

漢字はとても便利です。意味を表す文字で、大変便利なのですが、一個だけだと抽象的なんですよね。くっつけて二個になるとぐっと安定してきます。たとえば、「会」という字がありますね。これ、一個だとなんか落ちつかないでしょう。落ちつくよという人もいらっしゃると思いますけど（笑）。これに、もうひとつ漢字が加わると、めちゃくちゃ安定するんです。たとえば「協会」、すごく安定するでしょう？　それから「会社」。「茶会」「大会」「集会」「会合」などいっぱいあります。四字になると「学生集会」とか「決起集会」とか、ものすごく具体的に物事を表現できます。ということは、「会」という漢字は、一個だけではまだ確定してないんですね。そこに何か一個、あるいは二個、あるいは三個漢字を足すと、表現の幅が飛躍的に広がります。

いま、常用漢字は一九四五個あります。一個一個の漢字を見ているとなんか抽象的なんですが、これを二個に組み合せると何種類の概念が表現できるでしょうか。つまり二字熟語、一九四五字の常用漢字で二個組み合わせてどれだけの概念が発生するかというのを、きのう計算しましたら、一九四五×一九四五＝三七八万三〇二五個でした。このように、漢字というのは、一つではぼんやりですが、それにいろんな漢字をくっつけることによって、ずばっ、ずばっ、ずばっと、意味を持ってくる大変便利な文字なんです。

もう一つだけ例を出しましょうか。たとえば子どもの「子」。これ一つでも、まあ、「子」だから「子」だろうという感じなんですが、ここにたとえば「男」をつけると「男子」になりますね。何かが加わることによって、この字も生きるし、あの字も生きるという、そういう不思議な関係があるということを、ちょっと頭の隅に置いてください。

諭吉が諦めた「権利」

常用漢字だけでも三百何万の組み合せができるということは、大抵のことは表現できそうです。で、この特徴を使ったのが、明治時代の学者たちでした。西洋にあるもので、日本も取り入れるべきだというものを、すべて漢字を使って翻訳していったのです。

実物があるものは問題はない。たとえば「機関車」とか「銀行」。銀行は写真を撮ってくれれば、「こういうのが銀行です」と説明できます。ただ、中で何をやっているかはよくわからない。だからいまも銀行の中のことはわからない(笑)。そういうふうに、外国にあるものを日本に取り入れよう、とにかく追いつけ、文明開化だ——ということで、どんどんどんどん、向こうのものを持ってくる。漱石が、ご存じのように、こんな安普請《やすぶしん》で、向こうのものを持ってきて大丈夫かというようなことをエッセイや講演でしきりに言ってますけれども、いずれにせよ西洋のものを積極的に取り入れることにしました。

英語の「ロコモティブ（locomotive）」を「機関車」にする。これは、「機関車」の現物がありますから間違うことはないわけです。ところが、抽象的な概念を持ってくるときには、いろんな問題が起きてきます。きょうは、そのなかの代表的な二つの言葉の説明をしたいと思います。

一つは「権利」という言葉です。この概念は、そのころまでの日本にはありませんでした。「ヒューマン・ライツ（human rights）」とかいろいろ言う、あの「ライト」です。明治の初め、福沢諭吉は、外国にある概念で日本にないものを漢字を二つ使って翻訳するという仕事を一所懸命やっていました。一例をあげると「スピーチ（speech）」。この言葉は民主主義にはとても大事なので、なんとか日本語に翻訳したいと頑張るんですが、適当なのがない。結局、和尚さんが仏の教えを説くときの「演説」という仏教用語を採用したのです。普通に説くのではなくて、演ずるように説くということなのでしょうが、この言葉は定着して、私たちはごく普通に使っています。「トーク（talk）」を「談話」と訳したのも諭吉です。

そういう例はたくさんありますが、問題は「権利」という言葉です。「ライト」という概念は日本にはなかった。そこで、福沢諭吉はさんざん考えて、『西洋事情』という有名な本のなかで、「訳字を以て原意を尽すに足らず」、つまり翻訳不可能だと述べています。「ライト」という、一番大事な、つまりこれで戦争が起こったり革命が起こったりする大変な言葉の翻訳を、諭吉は諦めたのです。そこへおっちょこちょいの西周《にしあまね》が――まあ、おっちょこちょいというか、この人の行動を見ていると、ほんとにおっちょこちょいなんです――私が訳してみせるというので、福沢諭吉を真似して、仏教用語のなかから「権利」という言葉を持ち出してきたのです。その結果、「ライト」は「権利」になってしまいました。

もともとの「権利」という言葉の意味は、「力ずくで得る利益」なのです。仏典や中国の『荀子』という道徳書などでは、「権利」は「権力と利益」の意味で使われています。それなのに西周さんは、「ライト」に「権利」を当てたわけです。ところが、その結果、「権利」というのはなんとなく悪いことだという感覚が、日本人のなかにずーっとしみついていくんです。「権利ばっかり振り回して」とか反射的によく言いますよね。

それから、「フリーダム」もそうです。福沢諭吉が「自由」と訳してます。中国伝来の「自由」は、「我が儘勝手のし放題。思うまま振る舞う」という意味なのです。それを当てちゃったんですよ、「フリーダム」と「リバティー」に。でも、「自由」という言葉は日本人の遺伝子にはよくないこととして染み込んでいます。ですから、「自由のはき違え」とかよく言われますし、年寄りはほとんど「自由」を敵視することになりました。

つまり、「それはおれの権利だ」と言うと、みんななんとなく、「義務だってあるんだぜ」とまぜ返したくなるでしょう。これは、語感の問題ですね。頷いた人がいらっしゃいました(笑)。当たり前のことを主張しているのに、「あいつは権利ばっかり言うからね」というふうに嫌がられることが多いと思います。

「自由」もそうです。マイナスの意味を持った言葉を「フリーダム」にあててしまったのです。その微妙な差が百年続くとどうなるか。結局、いまのような状況になってしまいました。

明治維新の偉い人たち、本当に文字どおり偉い人たちは、日本はこのままだと西洋列強の草刈り場になってしまうと考えて、必死で頑張ったのです。このままだと中国みたいに、ヨーロッパ列強の植民地になってしまう。これをなんとか西洋並みにきちっとやって、植民地化を防ごうと必死の勢いで勉強して、必死の勢いで向こうのものを取り入れました。憲法はプロシャの憲法を、民法はフランスの民法をと、全部寄せ集めて、とにかく近代国家としてスタートするわけですね。そのおかげで、日本は列強の毒牙から逃れることができました。しばらくすると、日本自体が列強になっていって、他へ手を出していくことになりますが……。

ともかく明治の初期は、大変みんな頑張って、いい言葉を次々に作っていきました。「世紀」「絶対」「範疇《はんちゅう》」「人格」「雑誌」「民法」「統計学」「哲学」「美術」など、私たちがいま普通に使っている漢語のほとんどは、このころに作られたと言ってもいいくらいです。

時代劇や時代小説で、「あの人は人格者だ」なんて書いてあったら――つい書いてしまうこともありますが――本当はおかしいんです。「人格」は、「パーソナリティ」の訳語で、明治以後にできた言葉ですから。違う意味での「人格」はあったかもしれませんけど、いま言ったような、「あの人は人格者だ」という言い方は江戸時代にはなかったのです。まあ、いまの人が書いていまの人が読む時代小説ですから、かまわないかもしれませんが……。

「自由」や「権利」はともかくとして、漢字を二字組み合わせることによって、どんな概念でもほとんど表現できるということがおわかりになったと思います。

標準語は明治政府がつくった

そして、政府がつくった日本語というのが発生するのですが、近代国家に必要なものが少なくとも三つあります。一つは貨幣制度。東京で使うお金が九州で使えないのは困りますから、貨幣制度を統一する。二つ目は軍隊制度です。国民の軍隊を作る。三番目は言葉の統一です。近代国民国家は、まずこの三つをやるわけです。

なぜ言葉を統一するのか。そうしないと、たとえば軍隊で、東北の兵隊さんに九州の人が号令をかけてもわからないからです。逆もそうです。『吉里吉里人』の最初に書きましたけれども、僕ら東北人は、走り幅跳びを「走りはんばとび」と言ってたんです（笑）。だから、東北の隊長さんが出てきて、「走りはんばとびはずめ」と言っても、九州の兵隊さんには通じないでしょう。「あん人、なんば言いよっとやろ」（笑）ということになる。軍隊はそれでは困ります。みんなを一斉にバッバッと動かすためには、全員がわかる、使える言葉をつくり上げないといけない。

というわけで、大急ぎでつくり上げたのが、いわゆる標準語なんですね。山の手言葉とも言います。お巡りさんの言葉は常陸弁です。それから「○○であります」というのは、これは山口の言葉。とにかくあっちこっちから集めて、まあ、これが日本語の大体であろうという言葉をつくって、標準語にしました。言語統一をしたわけです。それはある程度成功しました。

この講座の司会をしている人は、ＮＨＫの元アナウンサーです。さすがに上手でしょう？　ＮＨＫ――というか、前身の社団法人日本放送協会の仕事は、実は、ラジオによって標準語を広めるという任務もあったんですよね。

まあ、いずれにせよ、そうやって、官の側は言葉を統一しようという意志をずーっと持っていました。ですから、方言はいけないのです。僕ら、子どものころ、ずいぶん悩みましたよ、東北弁ですから。縄文語ですからね（笑）。お父さん、お母さんを敬いなさいと教えられると同時に、そのお父さん、お母さんから教わった言葉が、汚い、だめな言葉であると教わるわけです。いわゆるベイトソン（Gregory Bateson）のダブルバインド(2)というやつですね。ほんとうに困りました。いまは、方言はとても自由で、大阪のＮＨＫですか、たまに関西弁でニュースなんかやってますよね。

東北の人はなぜあんなしゃべり方をするのでしょうか。寒さのせいだという人がいますね。弘前なんてすごいでしょう？「どさ」「ゆさ」「け」とか。「どさ」というのは「どこへ行くんですか」ということですね。「風呂に行くんです」というのは「ゆさ」。「食べなさい」というのは「け」。要するに寒くて、大きく口を開けると寒いから歯がしみる。で、できるだけ口を開けないですむような話し方になった。この理論を、僕は子どものころすごく信頼していました。北に行けば行くほど寒いんで、口を開かなくなる。

と思っていたら、大きくなって、じゃあ、北海道ではどうだろうか。青森で「け」「く」ですから、北海道では何もしゃべらないのか、そうではなかったので、その理論は間違いだとよくわかりましたけど（笑）。

「美しい日本語」などありえない

いずれにせよ、明治国家は、言葉を統一しようとして、標準語をつくろうとしました。『國語元年』という私の芝居は、たまたま標準語を作れと命じられた文部省の下級官僚の苦しみを扱ったものです。主人公は長州出身なんです。それで、お義父《とう》さんと奥さんは鹿児島出身、女中頭が山の手の江戸弁で、下男が弘前弁で、下女が下町弁で、書生が名古屋弁で、そして、そこへたまたま泥棒が入ってくるのですが、これが会津弁（笑）。何を言っているんだか互いにぜんぜんわからないという、そういう芝居です。もともとはNHKのドラマとして書いたものを、あとから芝居にしたものですが、主人公は結局、統一なんてできないということがわかって、だんだん気が狂っていくのです。土台、無理なんですよ、統一するなんて……。でも、権力が強いと、まずは教科書を作って学校で教えこむし、やがてＮＨＫという音の手本が出てきます。ですから、みんなが一応同じような言葉を話し出したのは昭和になってからだろうと思います。それまでは、証拠はもちろん残っていませんけど、それぞれ標準語のつもりで、その土地の言葉のイントネーションでしゃべっていたんじゃないでしょうか。

逆に言うと、まだまだ日本語は完成されていないのです。また、そもそも日本語というものがあること自体がおかしいとも言えます。一人一人の日本語はあるんです。私の日本語はあります。でも、総和の日本語というのはありえないんですよ、実は。ですから、一人一人が日本語をきっちり、自分の日本語を、方言が入っていようがどうしようが、ものを正確に表現する、自分の気持ちを正確に相手に伝えられる、相手の言うことがちゃんとわかる――そういう言葉を、訛っていようがどうしようが、そういう言葉を使っていくこと、その総和が日本語ですから、宙に浮いたような日本語というのは実はないというふうに私は思っています。だから、「美しい日本語」というのは実はありません。強盗がものすごく美しい日本語で、「お金を出して下さいますようお願い申しあげます。もしご無理ならお命を頂戴させていただきます」と言ったとしたら……

（笑）。それよりも、すごい方言で訛っていても、雨の中をずぶ濡れになって走っている時に「傘にはいんねか？」なんて言われたら、その日本語ってきれいでしょう。田舎の温泉旅館の女将《おかみ》さんが出てきて土地の言葉で、「まあ、大変でしたね。どうぞ、どうぞ」なんていうことを言ったときの、あの美しさというのはないですよね。

こういうふうに、使っている人の言葉のそれぞれが日本語で、その総和が日本語なのだと僕は思っています。だからわれわれ一人一人が日本語を勉強して、日本語を正確に、しかも情感をこめて、自分のことはちゃんと相手に言えるし、伝えることができる、そのような言葉を一人一人が磨くしかないと思っています。

英語にどう対処するか

最初の回に申し上げたように、現在は、英語が圧倒的に日本語のなかに入ってきています。僕は前回、英語が入ってきてけしからんみたいなニュアンスでお話ししましたけど、よくよく考えてみると、グローバリゼーションは――前回、ここから脱線したんですね、グローバリゼーションから（笑）――防ぎようがないのです。このひと月余りで、防ぎようがないという結論に達しました。つまり、私たちは、世界と同時多発的に生きているわけですね（笑）。これは、もう戻れません。ただ、金融とか経済が圧倒的にグローバリゼーションを進めていくというのは困るのです。

そうした背景もあって、いま、日本語にはもうほとんどシャワーのように英語がそそがれています。よく年の暮れになると、新語辞典というのが、『ｉｍｉｄａｓ』の付録としてつきますよね。あれをご覧になったらわかります。僕も徹夜で勘定したんですけど、外来語が六割です。要するに片仮名。つまり英語です。新しい言葉、新語の辞典というのは、もうほとんど英語と言っても過言ではありません。ですから、こういう状況のなかで日本語の純潔を守れと言ったところで……。そもそも純潔じゃないのですから、最初は東北弁だったわけですから（笑）。

たとえば「リコンファーム」という言葉。離婚して農場をつくるという……（笑）。飛行機の切符を持っていて、乗る前にもう一度再確認することですね。それからエンドースメント、飛行機会社を変える際、もとの飛行機会社に切符に裏書きをしてもらいますね。日本語でまだ翻訳がないのですが、裏書き保証とでもいうのでしょうか。こういう言葉は、やっぱりしようがないですよね。むしろ原語で覚えておけば便利かなという気もするんですよね。こういう、世界中の人たちが使っているような言葉は、もう日本語に訳していては間に合わないし、訳していくと、もうひとつ負担が増えるわけですからね。というわけで、リコンファームやエンドースメントのことを覚えておいて、英語で発音するとこういう発音になるんだというのも覚えて使っていくほうが、これからはいいのかなという気も多少してきました。

「コレクトコール」なんていうのも、「料金受信人払い」といちいち訳していたらかえって面倒です。やっぱりコレクトコールというふうに覚えるしかないんじゃないかな。これもシャワーなんですね。

そうしてくると、好むと好まざるとにかかわらず、さっき言ったチャンポン化、ピジン語化が生まれてきますね。日本語と英語をチャンポンにしたものが次の日本語になってくるというのは、これはどんなに防いでも、そうなるのではないかなと、いまは思います。また一カ月たつと、意見が変わるかもしれませんが（笑）。前回はダメと言い切って、それからちょっと反省したんです。横文字と一切関係ない生活ができるのだろうか、と。飛行機に乗ることもあるのだから、もうそのまま覚えてしまうしかないなという、明るい悲観主義に陥っているところです（笑）。

今日、大急ぎで、日本語が東北弁から始まったという話をしました。これは何弁でもいいんです。ただ、東北弁には非常におもしろい特徴があって、私は「ちず」と「ちじ」とだけ言いましたが、他にもいくつかあります。その特徴が、出雲地方とか沖縄に残っている理由がわからなかったのです。そうなると、悪玉をつくって、その悪玉がバアーッと侵略してきたけれども、悪玉が征服できなかったところに古いままの言葉が残ったと考えるのが一番いいわけです。

ここまではお忘れくださっていいんですが、大事なのは、漢語が入ってきたということです。しかもそれが、国の理念としての仏教、それから行政法と刑法というかたちで入ってきた。それも、そっくり漢字で入ってきたということが大事です。漢字は一千年近いあいだ醸造されて、そこから片仮名や平仮名ができて、漢語もやまとことばと一緒に使いこなしていくうちに、日本語というもののある母体ができた。そこに明治維新があって、漢語の力でどんどん、ほとんど漢語で外国の語彙を全部日本語化した。ところが、日本になくて外国にあって、その精神をこそ勉強しなければいけない大切なことばを漢字に訳しそこねてしまった。大事なものなのに、迷惑なような漢字を当ててしまったために、われわれはいまだに「権利」とか「自由」に対してかなり鈍感です。あるいはそういうことを言うとだめなんじゃないかと、そういうへっぴり腰の態度も実はあると思います。

「フリーダム」「ライト」と「自由」「権利」の間にあったずれが、この百年の間に大きくなってしまったのではないか——そう思わざるを得ないのです。

「アメリカはよい国か。イエス。ただし……」

今日は脱線することがなかったのですが、ちょっとだけ、この一カ月、私は何を考えていたかということをお話ししたいと思います。

二〇〇一年の五月、アメリカは国連の人権委員会に委員を出せませんでした。カーター政権が特に有名ですけど、アメリカは絶えず人権外交を大事にしてきました。どこそこの国には人権思想がないから、そこに人権思想を植えつけようと考えるわけです。中国は、アメリカ人は人権がどうのこうのと言うが内政干渉だ、と言っていました。それはご存じでしょう？　ところが、国連をほとんどつくったと言ってもいいアメリカが初めて、人権委員会からはずされたんです。委員は互選です。僕、その意味を考えてみました。

京都議定書、これは前回にも言いましたけど、二酸化炭素排出量の多い国ほど今後は制限していくという、そういう申し合わせです。世界の人口六十億のうちの四・五％がアメリカ国民です。この四・五％のアメリカ人が、世界のＧＤＰつまり国内総生産の三〇％を手に入れています。それから、いろんな国が軍事費を使っていますが、世界の軍事費の三六％をアメリカが使っている。二酸化炭素の排出量は、世界の排出量の二五％がアメリカなんです。また、過去二十五年間の科学分野のノーベル賞の受賞者の七五％はアメリカ人です。つまり四人のうち三人までがアメリカ人なのですが、その受賞者を丁寧に見ていくと外国生まれの人ばかり。世界で一番豊かな国が、優れた科学者や医学者を大学の研究室などにいろいろな地域からどんどん集めているということがわかります。ですからアメリカの一人勝ちなのです。

にもかかわらず、アメリカは京都議定書に背を向けています。対人地雷禁止条約からも一方的に離脱しました。地雷はおれたちも使うことがあるかもしれないから、この条約は結ばないということですね。アフガニスタンに現に落としているクラスター爆弾は地雷をまきちらす爆弾ですから……。それから、包括的核実験禁止条約、これも一方的離脱の姿勢でしょう。それからユネスコからも脱退しました。前回にお話しした国際刑事裁判所についても批准していません（二〇〇一年時点）。

要するに、アメリカは国際連合よりも自分が世界を仕切ることを目論んでいるのです。僕、国際連合の分担金というのを調べてみたんですけど（一九九八年当時の資料）、分担金をアメリカは払っていません。通常予算で、国際連合は約十六億ドルを必要としています。その二五％がアメリカの分担金で、日本が一八％。三位がドイツで九・六％、日本の半分なんです。だから、日本とアメリカで国連を運営しているのですが、そのアメリカが払っていない。アメリカは国際連合なんていらないという立場なのです。

ところが、アフガニスタンを攻撃するために国連の決議が必要なので、急いで何億ドルか払いました。未納金の総額からしたら雀の涙ほどの金です。そして、何が起きたか。パナマ生まれの十五歳の女子高校生が、Tシャツに、空爆に反対しますと書いて登校しました。そうしたら、同調者が二十人出たそうです。そこで、校長がその少女を三日間の停学処分にしました。そうしたら、その少女とお母さんが、アメリカ憲法はこうした行動を保証しているはずだと、州の裁判所に訴えたのです。二日間、審議があって、少女たちの訴えは却下されました。で、次には連邦の最高裁に提訴しているわけです。一昨日ぐらいの新聞に、その少女はみんなにいじめられて、学校をやめてしまったという報道がありましたが……。

それから、バーバラ・リーという議員のことはご存じですよね。四百億ドルの戦争の費用と、すべての指揮権を大統領に預けるという決議をほとんど全会一致でアメリカの議会、上院、下院、すべて承認したとき、一人だけ反対した女性です。

その後、サンフランシスコ郊外にあるバークレーの市議会が、空爆反対の決議をしました。空爆よりも、ちゃんと国際機関を通して、犯人を追いつめて、裁判で裁くべきであるという決議を市議会が採択したんです。このバークレー市は、バーバラ・リー議員の地元です。これが飛び火して、いろんなところで、実は空爆中止の町議会の決議とか出ているんですが。それはあんまり日本に伝わってないようですね。こういうアメリカが僕は好きです。圧倒的多数が空爆支持、ブッシュ支持というときに、やっぱりきちっと反対する人は反対する。

最後に、メリー・ホワイトというボストン大学の社会学の先生が「ニューズウィーク」誌に書いた「アメリカはよい国か」というタイトルのエッセイをご紹介しましょう。僕は感動して、もう全文暗唱しています。「アメリカはよい国か。イエス」とまず書いてあるんです。いい国である。「ただし、奴隷制や、先住民抑圧や、日系人の強制収容や、無差別爆撃や、原子爆弾の投下や、ベトナム戦争がなければの話だが」と続くのです。この人はサービスに、「日本はよい国か」とも同時に書いています。やはり「イエス。素晴らしい国である」と。そして「ただし」というのが、また入るんです（笑）。「台湾・朝鮮の植民地化、満州国のでっち上げ、それから沖縄とアイヌに対する差別、被差別部落、それから在日韓国・朝鮮人に対する抑圧、それから従軍慰安婦問題、そして南京虐殺を除けばだが」と続いています。

これを読んで僕は、結論が出たなと思いました。完璧な国などないわけですね。かならずどこかで間違いを犯します。その間違いを、自分で気がついて、自分の力で必死で苦しみながら乗り越えていく国民には未来があるけれども、過ちを隠し続ける国民には未来はない。つまり、過ちに自分で気がついて、それを乗り越えて苦労していく姿を、他の国民が見たときに、そこに感動が生まれて、信頼していこうという気持が生まれるわけです。ところが、自分の国はほとんどいいことばかりしていて、あのときはしようがなかったという人たち――一見、愛国者に見えますが――そういう人たちの国には未来はない。なぜなら、他の国から信頼されないからです。

日本の悪いところを指摘しながら、それをなんとか乗り越えようとしている人たちがたくさんいます。私もその端っこにいたいと思っていますが、そういう人たちは売国奴と言われています。でも、その人たちこそ、実は真の愛国者ではないのでしょうか。完璧な国などありません。早く間違いに気がついて、自分の力で乗り越えていくことにしか未来はない、ということを、今回の講座の脱線と結びにいたします。

（1）藤村新一氏。遺跡に自ら石器を埋めるなどして旧石器時代を捏造したことが、二〇〇〇年の十一月に発覚した。

（2）グレゴリー・ベイトソン（1904－1980）が提唱した理論。二つ（ダブル）以上の矛盾したメッセージを受け取ることで、心が縛られ（バインド）、どう行動していいか分らなくなってしまうこと。

第三講　日本語はどのように話されるのか

最後はかならず母音でおわる

この講座も三回目となりました。改めて確認しておきますが、日本語は、いろいろな言葉のなかでどういう位置にあるのかというのが私の問題意識です。これについては実はみなさんにも責任があるんですよ。みなさんがぐっと身を乗り出して聞いて下さるところを拾っていくと、どうもそういう感じになるようです。

いつも脇道にそれてしまうので、このへんで日本語の音韻について、きっちり、わかりやすく正確にお話しするように努力したいと思っています。ですから、前回にちょっとお話ししたようなことも出てきますが、今回は、とにかく日本語の音について徹底的にみなさんと考えていくことにしましょう。

さて、日本語には母音と子音があって、母音の場合は、単独で音節になります。子音の場合は、かならず子音プラス母音というかたちでひとつの音節になっています。

もう少し具体的に言いますと、「さ」という音があれば、それは「さ」という音節ですが、それをさらに分けますと、「s」という子音と「a」という母音になります。「し」の場合は「s」という子音と「i」という母音でできているということです。つまり、日本語の音はかならず最後が母音で終わるのです。

「あいうえお」という母音、これは分けることはできません。もうこれ以上は壊すことのできない音です。母音のことを記号としてV（vowel）と書きます。子音はC（consonant）ですね。

日本語の五つの母音のうち、口の一番前、歯のあたりで音が出るのは、「い」という音です。「いえあおう」の順に、どんどんどんどん、音を出すところは、のどの奥に入っていきます。奥のほうで出すと、その音は、口のなかでいろいろ反響して外へ出てきますから、「う」は相当力を入れないとだめです。本当に苦しむときは「うー」と言って苦しみますよね。「あー」とか「いー」と言って苦しむのはなんだか嘘っぽいでしょう？　そういうふうに、音の出る場所によって、言葉の鋭さとか、大きさとか、厚さとかが変わってくるわけです。

母音が五つというのは、世界の言葉のなかでは少ないほうだと言われています。ちょっと調べてみました。

〔母音の数、二重母音も含む〕（諸説あり）

英語　三一
米語　三二
アラビア語　三
フランス語　一三
スペイン語　五
ハワイ語　五
トルコ語　八

沖縄語は母音が三つです。それからアラビア語も母音は三つです。実は、最近の世界情勢の関連で、『アラビア語入門』という本を買って読んだのですが、母音が三つであること以外は全くわかりませんでした（笑）。

イギリス英語の母音は三一なのに、なぜかアメリカ英語は三二なんです。アメリカ人は新しく母音を一つつくったんですね。ぼくの発音だとダメなんですが、「スパロー」（sparrow）とか「メアリー」（Mary）と言うときの、エアという気持ちの悪い音（笑）。わたしはこのところアメリカに対して多少偏見がありまして、わざといやらしく言ったのですが（笑）。このエアという音、あれは英語にはありません。r音色のついた母音と言われているようです。

私は芝居を書いていますが、なるべく「い」の音を生かすように気をつけています。たとえば銀行を使うのなら、もう三菱に決まりです。銀行の内容とか、そういうことではありません。音だけの問題です。「みつびし」だと、四つの母音のうちの三つが「い」の音ですからね。ところが上に東京がついてしまったので、ちょっとやりにくくなりました（笑）。住友は、俳優さんがどんなにしっかり発音しても、最初の「す」という音が消えるのです。だから、客席の後ろのほうの人には「みとも銀行」というふうに聞こえてしまいます。これは、どんな名優でも、杉村春子さんでもそうです。つまり、「う」という母音は、口のなかを通るときに半分ぐらい力を落とされて外へ出るので、途中で消えてしまうわけです。ですから、私の芝居では銀行はすべて三菱になっています。それは、「みつびし」と言うと、僕らの声でも遠くまで届くから、という理由によるものです。

五つの音色の使い分け

次に、日本語の特徴のひとつとして、同じ母音を持つ音節の連続が非常に多いということをお話ししましょう。

思いついた例をあげると、「山田長政」の母音は全部「a」なんです。「やァまァだァなァがァまァさァ」でしょう? 「男心」、これはみんな「o」ですね。「男心に男が惚れて」という、昔の流行歌がありますけど、こういう「オオオオオ」は他の言語と比べて、珍しいのではないでしょうか。それから、歌舞伎の台詞で「かかさまの名前は……」というのがあります。「かかさま」は、「アアアア」です。

余談ですが、長谷川一夫さんは母音の使い方が上手でしたね。「忠臣蔵」の大石内蔵助なんかをやりますけど、きまり文句で「おのおのがた」って言いますよね。その「おのおの」は全部「o」なんです。こういうふうに、日本語には同じ母音を続けるという、これは非常に目立った特徴があります。

だからどうしたと言われると困ります、なんにも得にならない（笑）。得にはならないけれど、私たちは無意識のうちに、この五つの母音の音色《ねいろ》を使い分けているのです。その一つの例が、本居宣長の「やまとごころを人問はば……」という歌です。これ、ご存じないですか？　ぼくら子どものころ、大和魂というのはこういうものだと言われて覚えさせせられましたが……。

しきしまのやまとごころを人問はば朝日に匂ふ山桜花

「やまとごころ」の母音は「アアオオオオ」です。これが、おそらく漢語が入ってくる前の、つまり弥生語か縄文語か何か知りませんが、漢語が入ってくる前の和語、やまとことばの、ある基本をなしているのではないかというふうに私は勝手に考えています。つまり、やまとことばには、こういう母音の連続が、非常に特徴的にあるということです。

茂吉の名歌に学ぶ

私たちは、五つの母音を無意識のうちに使い分けています。一番いい例として、斎藤茂吉の歌を挙げてみましょう。

最上川逆白波のたつまでにふぶくゆふべとなりにけるかも

斎藤茂吉という人は、温泉でよく知られている山形の上山《かみのやま》の在のほうの秀才少年でした。あまりにもよくできるんで、十三歳ぐらいのときに、同じ上山の在から一世代前に東京へ出ていって出世した医学博士のところに書生として入るんですね。みなさんご存じの通り、日本で初めてといってもいい精神科の医者である斎藤家です。一八九六年(明治二十九)、お父さんと一緒に山寺を通って——いま仙山《せんざん》線が通っているところです——仙台へ出て、それから浅草の三筋町という、両国橋近辺の、当時の東京の繁華街にあった斎藤病院にたどりつきます。

着いた最初の晩のことです。この病院には先輩の書生がたくさんいるんですが、彼らが「すし、すし」と言っている。茂吉少年が言えば「すす」になりますけど(笑)。彼は、「すし」って何だろうと首を傾げるわけですよ。つまり、山形は山国ですから、その当時、生魚を運搬することはできませんので、「すし」なんて聞いたことも食べたこともなかったのです。「あの屋台のすしはうまい」とかなんとか書生たちが話しているのを茂吉少年はじっと耳を澄ませていたんでしょう。

すしはいまでこそ高級な食べ物ですが、昔は屋台で売っていました。誰も食べなかったトロなんかを、庶民がご飯と一緒に食べるということで売ってたんです。いまのラーメンみたいなものですよね。

他の書生さんと一緒に銭湯へ行って、のろのろしているうちに最後に風呂を出て、すしという噂の屋台を通りかかったときに、彼のポケットには一銭銅貨が一枚ありました。これが彼の全財産です。それで、すし一個一銭って書いてあったんで、一銭だけ食べてみようと思って食べたところ、卒倒するぐらいうまかった。それから気が狂ったようになって、それで、はっと気がついたときには、四十三個食べていた（笑）。これは、斎藤茂吉のエッセイに書いてあります。「三筋町界隈」[1]というエッセイだったと思いますが、それを僕がなぞって申し上げているだけです。

それで、だんだんと、三十三個目ぐらいから、どうやって払おうかと少し心配になったんですが、あんまりおいしいのでどんどん食べて、結局四十個越しちゃったわけですね。彼はお腹がくちくなると同時に、どうして払っていいかわからないので、わけがわからなくなって、その場に卒倒して失神してしまったわけです。ほんとにそうだったらしいですよ。新入りの、きょう山形から来た見習いがいつまで経っても帰ってこないので、先輩の書生さんたちがみんなで探しに出たら、すし屋のおやじさんが大騒ぎして、すし代はいいけど、とにかく店の前でひっくり返っちゃったというんで、騒いでいるのを、助け起こして、先輩の書生がお金を払ってあげたという面白い逸話を茂吉は残しています。

茂吉少年は長じて斎藤家の家付き娘と結婚します。輝子さんです。大変な奥さんだったことは息子さんの北杜夫さんが書いていますから、みなさんもよくご存じのことと思います。そこへ踏み込むと、また違う話になってしまいますからやめましょう（笑）。

とにかく茂吉は大変優秀な医学生としてもちろんドイツにも行きましたし、大学の医学部の先生をしながら病院も継いで、その上に歌人としても、評論家としても――柿本人麿のことなど――大変りっぱな仕事をしました。

で、戦争中、空襲で家が焼け、戦後しばらく山形の大石田というところに移りすみます。大石田というのは、最上川沿いの船宿として栄えたところです。最上川上流には紅花畑がたくさんありますから、紅花を最上川を通してずっと酒田へ運んで、酒田から京都へ船で運んで、京都の口紅屋さんがそれを加工して、京都の口紅として、全国に売り出していました。その大石田という町へ茂吉は疎開してきて、夕方よく散歩するんです。

最上川の川べりを。ある夕方、雪が降ってきて、そこでできた作品が先に挙げた「最上川……」の歌です。

もう功成り名を遂げた茂吉という歌人が、故郷へ帰ってきて、日本語の母音を徹底的にうまく使った歌を詠みました。ローマ字で書いてみましょう。

MOGAMIGAWA SAKASIRANAMINO TATUMADENI

FUBUKUYUUBETO NARINIKERUKAMO

「最上川」は「もォがァみィがァわァ」で、「a」という母音が五つのうち三つです。「あ」という音は、口のなかの中心の低いところから出てきますから、母音の音色としては、非常に安定して大きいのです。そもそも「最上川」という名前自体が大きくて偉いということになりますね、誰がつけたか知りませんが（笑）。世界的に見れば短い小さな川ですが、山形に降る雪は全部最上川に流れることになっているんですよ。川の支流も他の県には行ってないし、上流も山形県内なのです。一県一川、つまり一つの県に一つの川というのは、日本で最上川だけで、これが山形県人の自慢ですね。そんなこと自慢してどうするんだ（笑）。まあ、でも山形県の降水量を全部集めているから、「五月雨をあつめて早し最上川」になるんだとか、いろいろ、土地の自慢がありますけれども。

そう言えば、北上川とか阿賀野川、多摩川、荒川など、川には「a」の母音が多いですね。川の名前にはどうしても「a」という母音を使いたくなる、昔の人たち、名前をつけた人たちの音韻感覚というのは、やっぱりすごいものですよね。こういう感覚は、私たちのほうが劣っているかもしれません。

「逆白波」これも、大きな音で、六音のうち四つが「a」の母音です。「逆白波」というのは、川面に吹雪がダァーッと吹きつけていると小さな波が立つ、その波のことです。「ふぶくゆふべ」は、「べ」以外は全部「u」の母音です。苦しいときとか辛抱するとき、「うー」と言うでしょ？　重いものを担ぐとき、「いー」とは、あんまり言わないでしょう（笑）。「あー」とも言いませんね。吹雪というのは、みなさんご存じないかもしれませんが、上から降ってくるんじゃないですよ。下から巻き上げて吹いてくるんですよ。そんなことをぼくが自慢してもしようがないんですけど（笑）。「ふぶくゆふべ」って、この音がすごいですよね。耐えている姿。六つの母音のうち五つが「ウウウウウ」だなんて、やっぱり斎藤茂吉はすごい人ですね。

最後の「なりにけるかも」には、「アイウエオ」の全部を使っています。最後の「も」は「o」の母音で、「o」は「a」と同じように、非常に安定した音ですから、そうやってきちっと音の並びをおさめるわけです。散歩していたその場で出来たのか、いろいろ推敲したのか、よく知りませんが、これこそ、日本語の音韻の素晴らしさですね。

アクセントは二の次で

日本語というのは、後で触れますけど、自動車のエンジンをかけるときのダダダダダ……、あの音のように聞こえるんです。あるいは時計のカチカチ、カチカチ、カチカチという音。日本語はアクセントは二の次ですからね。アクセントが違っても、日本語は理解できます。日本語のアクセントは強・弱じゃなくて高・低だというのは、みなさんご存じのとおりです。「箸」と「橋」と。私は、自慢じゃないですけど、無アクセント地帯に育ちました（笑）。前回の話につながりますけど、東北の南部と北関東というのは、アクセントがありません。アクセントをうるさく言うのは、政治的中心である都に住んでいる人たちなんです。やたらうるさいですね。だからＮＨＫも、本社がもっと山の中とか、そういうところにあれば、日本語はもうちょっと違う発展をしたと思います。

それから鼻濁音の使い方のきまりも東北弁にはありません。ないのを威張ってはいけませんね（笑）。鼻濁音は、たとえば「おんがく」の「が」の「g」という音が鼻にかかってくるんですね。でも頭にくる「g」は鼻濁音になっちゃだめなんですね。鼻濁音で「ガっこう」（「んが」と鼻に掛ける）っていうと、なんか、きょう休もうという感じになりますから（笑）、これは硬い音で「ガっこう」にならないとだめなんです。

そんなふうにして、日本人は鼻濁音やアクセントをつけたりしていきました。そんな区別のなかった地域で育った人間としては、別にどっちでもいいんじゃない、という立場に立たざるをえませんが。

それはともかくとして、この「最上川逆白波のたつまでにふぶくゆふべとなりにけるかも」という歌をぜひ覚えてください。日本語の五つの母音の使い方を、本当に見事に三十一《みそひと》文字《もじ》におさめて、大きな景色を描きだしています。おしまいの「なりにけるかも」で五つの母音が全部揃いますから、日本語の音を全部使い切った形になっています。

大きく全部きれいにおさめています。みなさんも、短歌をお詠みになるときには「なりにけるかも」をつけるようになさるといい（笑）。

お国訛りという文化

ここでちょっと後戻りして、他の国では母音はどうなっているのかということを思い出してみましょう。英語は三十一もあって、日本人にとっては一番難しいと思います。五つしか母音のない私たちが、三十以上ある英語をうまくしゃべろうとしても、これ、そうは問屋が卸さないでしょう。英語は日本人にとっては、非常に母音が難しい言葉です。

ですから僕は、日本人訛りの英語をきっちり使えればいいと思います。私たち、向こうの人と同じレベルになろうと思っても無理なんですから。日本訛りの英語ではダメだと考えていると、ずーっと黙っているだけになってしまいます。

私はオーストラリアに、「ライター・イン・レジデンス（お抱え作家）」ということで一年近く住んだことがあります。オーストラリアの人は、自分たちの英語にすごい劣等感を持っているんです。「トゥデイ」が「トゥダイ」になるでしょう？　「きょう」じゃなくて「死ぬこと」になってしまうわけです（笑）。僕も実際に面食らったことがありました。行った途端に、大学の事務総長みたいな人が出てきて、しきりに「トゥーパイ、トゥーパイ」と言うんですよ。パイをいますぐ受け取るか、月割りにするかって、なんか変な大学へ来ちゃったと思ったら（笑）、「トゥーペイ」なんですよ。あなたの給料を一括払いにするか、それとも月ごとにするか、あなたの好きなように大学側はするから、いま言ってくれということなんですけど、「トゥーパイ、トゥーパイ」と言うと、そんなにパイをもらってもしようがない（笑）。

日本もなかなかおもしろくて、山梨県に「奈良田」という、方言で有名な村があります。戸数が五十戸ぐらいで、ここは「つ」という音が巻き舌になって、「トゥ」になるんです。「月見」「きつね」が「トゥキミ」「キトゥネ」というふうに、唇の先が上の口の裏へぴったりくっついて巻いていています。名古屋弁ですと、「え」という音を非常に長く「ええー」というふうになりますし、「お」も、「おおー」って大きくやるわけですね。だから、「エエービフリャー」になって、からかわれてしまう。でも、名古屋の人を笑ってはいけないのです。そういう音でちゃんとコミュニケーションがとれているわけですから、他の地域の人があれこれ言うことはない。でも、名古屋へ行って、駅などで地元の人の会話を聞いているとおもしろいですよね。母音の「え」と「お」がとても大きい。きびしく言うと、だらしない口の感じ（笑）。そこにタモリが付け込んで、名古屋の人たちを笑いものにしたということがあったのです。古い話で、若い方にはわからないと思いますけれども。

名古屋の人がからかわれたのは、母音の、普通の立場から言うとしまりのなさです。でも名古屋の人からすれば、「そっちこそおかしいんじゃない？　そんなに窮屈に母音を発音してどうするの。おれたちみたいに、もうちょっと口を大きく遊ばせるように、楽しんで発音したらいいじゃないか」ということになります。これはそれぞれの文化ですから、笑ってはいけませんね。母音の話はこれぐらいにしましょう。

同音異義語はなぜ多い

子音というのは、「さしすせそ」で言えば「s」という音のことです。子音と母音がくっついて音節になります。日本語には子音は一五あると言われています。国語学者の間で数え方がさまざまなんですが、まあ、だいたい一五というふうな数が出ています。「かきくけこ」の「k」、「がぎぐげご」の「g」、「たちつてと」の「t」、「バビブベボ」の「b」、「パピプペポ」の「p」というふうに数えてみるとわかります。ですから、ざっと言えば、一五の子音と五つの母音で日本語の音節はできているということになります。

子音は、英語は二二ありますし、フランス語は二〇で、スペイン語は二二。でも、ハワイ語には子音は七つしかありません。「さしすせそ」「たちつてと」「らりるれろ」つまり「s」「t」「r」がないのです。ですからハワイ語は、非常にきれいなのですが、長く聞くと単調だということにもなります。

日本語では音節が子音で終わることはありません。かならず母音で終わります（「ん」だけが例外）。英語では、start のように語頭に子音が二つ並ぶことがありますし、compact のように語末が二つの子音で終わることばもあります。でも、このようなことは日本語やウラル・アルタイ語族ではありません。

確認しておきましょう。日本語の音は長く延ばせばすべて母音が現れてきます。これは開音節と言われていて、イタリア語、フランス語などと似ています。英語やドイツ語は閉音節つまり子音終わりの音節が多いのです。

ところで、英語やフランス語で二時間くらいで終わる芝居を日本語に翻訳して上演すると四、五時間もかかることをご存じでしょうか。日本語は子音では終わらず、かならず母音が入ること、そして音節の種類が少ないからなのです。音節の種類が少ないと、区別するためにどうしても一つの語が長くなる。つまり音節数が増えるのです。「わたし」と「I」「Je」を比較してみるだけでわかりますよね。ですから、今の若い人たちがテンポの早い曲に英語の歌詞をつける気持はよくわかります。英語なら十秒で言えることが、日本語では十三秒はかかるからです。だからと言って、一人称を「わ」だけに略してしまったら、どうなるでしょうねえ（笑）。

日本語の音節の数は、以前にも申しあげたように一一四から一一六くらいです。英語はもう数えきれないくらいあって、三万とも四万とも無限とも言われているようです。北京官話、中国語は四〇〇くらい。もし日本語にＣＶＣ、つまり子音で終わる音節があったら、理論的には一一二五の音節があることになります。そうなっていたらよかったのになと思わないでもありません。同音異義語が少なくなりますからね。まあ、駄洒落の楽しみは減るでしょうけど。

音読のすすめ

日本語は全部母音で終わります。ですからきちんと発音すると、とても大きな感じがして美しいのです。外国人はみんなそう言います。それに強弱のアクセントがなくて等リズムですから、聞いているとタッタッタッタッタと、こういう感じなんです。

ぼくが子どものころ、みんなで声を揃えて教科書を読むという授業がありました。国語の教科書の新しい章が始まると、遠藤先生というとてもいい女の先生だったのですが、その先生が、まず生徒たちに「これを読める人はいますか?」とききます。すると、ぼくのようなそそっかしいのが手を挙げて読むわけです。そうすると先生が「いま○○君が読んでくれたけど、ここがおかしかったね」というようなことを指摘して、「それでは今度は先生が読んでみます」と言って、先生が読んでくれる。次に、「みんなで先生と一緒に読みましょう」ということになって斉読します。こういうことを何回も繰り返してやるんですが、そうやっているうちに、子どもたちは日本語の発音を自然にしっかり身につけていくわけです。

いまの小学校の国語の時間を見てみると、そんな授業はほとんどありませんね。教科書の文章自体が、非常に腑抜けたものばかりで、ぼくのものでさえ載るんですから(笑)。気の抜けたエッセイとか、そういうのがいっぱい載っていて、音読してもおもしろくないのです。日本人が長い間伝えてきた日本語、たとえば「祇園精舎の鐘の声……」でも「最上川……」でも「春は曙」でもいいから、そういう文章を先生が読み、子どもたちに読ませることが大切だと思います。

このごろ電車の中などで聞いていると、若い人の言葉――発音――がわからないことがあります。日本語を喋っているらしいことはわかるんですけどね。ぼくは、若い人が悪いと言っているのではありません。若い人には若い人の立場や理由があってそういう発音になっているわけですから。では、そのままでいいじゃないかということになりますが、それではやはり困ると思います。もし十歳の孫と七十歳のおじいさんとの間で会話が成立しなくなったとしたら、恐ろしいことではないでしょうか？

いま、『声に出して読みたい日本語』という本がベストセラーになっています。齋藤孝さんという、からだと人間の声との関係を一所懸命に勉強している先生が、音読・暗唱するに値する日本語の文章を集めたもので、ぼくは齋藤先生から「こういう本を出しますよ」と言われた時、一瞬「やられたッ。売れなければいいな」と思いました（笑）。でも、そんなふうに思うのは、ぼくがまだ現役だからで、「売れるといいな」と思うようになったらもうおしまい。ただのおじさん、おじいさんになったということですからね。

駄洒落の快感

いま、おじさん、おじいさんと言いました。実は、ここには母音の長短の対立という大事な問題があります。母音を延ばすと三十歳も年齢が違ってくるのだから大変です。「おばさん」に対してうっかり母音を延ばして「おばあさん」と言ったらもう大変ですよね。さらに「おおばさん」と言うとこれは人の名前になります。日本語では、母音の長短がキーポイントなんです。

　具体例を少しあげてみます。「トキ（時）」を「トーキ」と延ばすと、「当期」「陶器」「登記」「投機」などがあって、「時」とはまったく意味の違う言葉になります。「クキ」と「クーキ」、「セカイ」と「セーカイ」、「ホソク」と「ホーソク」、「ユキ」と「ユーキ」。

「こんな雪のなかをよく出てくる勇気がありますね」なんて、ぼくら芝居を書くときにすぐこれをやる。お客さまが喜ぶんですよ。なぜ喜ぶかというと、みなさんが日本語の本質を自分の中に持っているからなんです。自分の持っている言葉がちょっと掘り起こされる快感というところでしょうか。で、書くほうももっと喜ばせたいと思うから「今度の法則を補足しますと」とか、駄洒落が次々に出てくるというわけです。もっとも、いま駄洒落を言った瞬間、お顔が強張《こわば》った方が二、三人いらっしゃいました（笑）。

　音声学的に言うと、母音を延ばすと言っても二倍にはならず、一・六倍くらいのようです。「オジーサン」の「ジー」は「ジ」の一・六倍ということです。

「茶畑」と「田畑」の畑はちがう

「ひと」がふたり以上集まるとなぜ「ひとびと」というふうに「ひと」が濁るのでしょうか。実はこの連濁という問題は、説明するだけで何時間もかかる大問題なのですが、今回は一つだけ例をあげて簡単にお話しします。

建物の一階、二階の次は何階でしょう？「三がい」なんですよ。若い人は「ちょっと三かいに行ってきます」なんて平気で言いますね。こういう日本語の決まりがいまぐずぐずになっているんです。

「茶畑《ちゃばたけ》」「田畑《たはた》」という言葉があります。同じ「畑」なのに、なぜ「茶」の場合は濁って「田」は濁らないのでしょうか。

これは構成要素で考えているのです。「茶畑」ではどちらかと言うと「畑」のほうが中心ですね。そこで「畑」が第一要素、「茶」は第二要素になります。言い換えると、「茶」は形容・修飾（従）で、「畑」が主《あるじ》。こういう時には「茶ばたけ」と主の語が濁ります。「田畑」の「田」と「畑」は同等です。主従の関係はありません。こういう時には濁らないのです。

どういう時に濁るのかよくわからない時は、二つの語の間に「の」とか「と」を入れてみて下さい。「茶畑」は「茶の畑」であって、「茶と畑」ではありませんよね。「田畑」の場合は、「田の畑」というのは変で、「田と畑」です。語の構成要素に主従の関係が成立したら濁る、そう覚えておくといいですね。「三階」は「三と階」ではなく「三の階」ですから「さんがい」になります。

もうひとつ、「弾きがたり」と「弾きかたる」の違いを考えておきましょう。「弾きがたり」の場合は「かたり」が名詞になっています。そうなると連濁を起こします。「弾き」+「語る」、つまり用言（活用する語。動詞など）と用言が重なる場合には連濁は起きません。用言と体言（活用しない語。名詞）がくっついた時には、体言のほうに連濁が起こります。これについては、いつかしっかりとやりましょう。

こんな理屈は初めて聞いたと思われるかもしれませんが、わたしたちは無意識のうちに完璧にこうしたことをやってのけているんです。ただ、若い人のなかには、こうした法則で音を出すことを知らずに大きくなってしまった人がいるようで、これは大人の責任ですね。子どものころにきちんとした日本語の発音を教えなかった大人がいけません。

それから、擬声語、擬態語でも濁音と清音の違いがあります。「小さな太鼓はトントントン、大きな太鼓はドンドンドン」という童謡、ご存じでしょうか。もし「大きな太鼓がトントントン」だったら、「ふざけるなッ」と言いたくなりますよね。また、「三味線をベンベンと鳴らす」だとプロが弾いているし、「三味線がペンペンと」だと門付けの人か素人が弾いている感じがします。

「コソコソ」と「ゴソゴソ」、(汗が)「タラタラ」「ダラダラ」「ポタポタ」「ボタボタ」……母語というのは本当にありがたくて、いま言ったようないろいろな法則、使い分けを、わたしたちは自然にいつの間にかこなすことができているのです。つまり、擬態語・擬声語の場合、濁音になると力感が出てくる。強くなるのです。澄んだ音は、やさしい、弱い、低い、細い音を模写しているのだということになります。

大江さんとの駄洒落対決

地球上に生きている人間は森羅万象に名前をつけていきます。英語を話す人も日本語を話す人も、太陽だとか月だとかあらゆるものに名前をつけます。そこで、音節数がたくさんある言葉を使っている人たちは、それら森羅万象に対してそれぞれ別々の名前をつけることができます。ところが音節数が一一四ないし一一六くらいしかない日本語の場合は、「橋」と「箸」のように、どうしてもダブリが出てきてしまいます。

ぼくは新しく字引を買うと、すぐ「しょうか」という項目を見ます。すると、たとえば日本国語大辞典の場合ですと、「上下」「小火」に始まって、「消火」「消夏」「唱歌」「商科」「商家」「娼家」などと六十二個も並んでいます。

こんなふうに、日本語というのは、同じ音なのに意味の違う言葉がたくさんある言語の代表格なのです。そうするとどういうことが起きるかというと、駄洒落です（笑）。

ぼくの今までの傑作駄洒落の一つは、「警視総監」を「近親相姦」に読み換えてしまったものと、旅行先で難渋したときの――お話ししてもいいですか？　駄洒落が嫌いな方もいらっしゃるようなので……（拍手）。

大江健三郎さんや武満徹さんたちとバリ島に行ったことがあります。バリ島に行くについては、まずジャワ島のジョクジャカルタというところに一泊して、古くから伝わっている宮廷舞踊を見に行ったのです。それは素晴らしい踊りで、みんな感激したのはよかったんだけど、さあ、これからバリ島へ、というときになって、ぼくらが乗るはずだった飛行機がなんとジャカルタに向けて飛び立ってしまったのです。王様か誰か、急用のできた偉い人にその飛行機を売っちゃった（笑）。ではわたしたちはどうなるのかと尋ねると、バリ行きの飛行機は明日の夕方までないというのです。もう宿はチェックアウトしたし、どうしたらいいのかみんなで頭をひねっているうちに、夜の八時ごろ、ジョクジャカルタから車で八時間くらいの距離にある大きな都市から明日の朝飛ぶバリ行きの飛行機の切符が手に入ったんです。そこへ行くバスの手配もできたのですが、みんな空腹だし疲れ果てていて、バスの中も暗い雰囲気、沈んでいるんですよ。そこでぼくが「こういうのをセンチメートル・ジャーニーって言うんですね」と言ったら、みんな笑いだして、急に明るくなりました。一センチ一センチゆっくりゆっくり進む旅のことを「センチメンタル・ジャーニー」という有名な曲にひっかけた駄洒落ですが、駄洒落ひとつで、士気が甦るというのか、みんな元気が出てきた。これ、ぼくの生涯の傑作なんです。

バスのなかで眠って、翌朝やっとバリ行きの飛行機に乗ることができました。バリ島が近づいて来たときに今度は大江さんが「翼よ！　あれがバリの灯だ」(2)と言ったんです（笑）。これ、大江さんの自慢なんですが、ぼくのほうがちょっと内容が濃いでしょう？

小さな笑いが道をひらく

何か大きな運命が迫ってきそうなんだけど、出口はない。ここでとにかく生きていかなければならない。こういう状況をぼくは「ギリシア悲劇的宙づり状態」と言っているのですが、そういう状況を小さな笑いが壊してしまうことが実際にあります。「いや、なんとか行けるよ、命まではとられないさ」というふうに、「笑い」は希望を持つ方向に人の気持を変える働きをします。

ただ、日本人はまじめな人が多いので、駄洒落は嫌われるようですね。でも、これは音の数が少ない日本語の宿命なんです。ですからむしろ、駄洒落が出るのは日本語の長所なのだと考え方を変えたほうがいい。若い人もオヤジギャグだとかサムイとか言わないで、日本語の訓練だと思って駄洒落――「駄」がつくからいけないいんですね――語呂合わせをやっていただきたいと思います。

語呂合わせは簡単です。常に頭のなかに五十音を置いておけばいい。誰かが財布を落としたら、「さいふ」という音に対してすぐに「あいふ」「いいふ」「ういふ」「えいふ」「おいふ」というふうに当てはめていく。訓練すると、「ナイフ」とか「ワイフ」とか、音の似た言葉が一瞬のうちに思い浮かぶようになります。そして「あの人、なんか下手な洒落ばっかり言ってさ、でもまあ、悪い人じゃないよ」と言われる（笑）。

今の日本は本当に「ギリシア悲劇的宙づり状態」です。こういう閉塞状況を切り開くには、大きなプランも必要でしょうが、小さな笑いで、みんなを一つにしたり解放したりしながら前に進んでいくということも大切ではないかなと思います。

アクセントとリズム

日本語にももちろん高低アクセントというものはあります。ニュース担当のＮＨＫのアナウンサーや俳優さんたちはきちんとアクセントをつけてしゃべっています。彼らはアクセント辞典をいつも持っていて、辞典がボロボロになるほど勉強しています。ただ、異論はあるかもしれませんが、日本語の場合、アクセントの違いによって混乱が起きるということはまずありません。母音の長短、つまり「おばさん」と「おばあさん」のような問題が、アクセントの違いによって起きるとは思えません。

メキシコの五千人くらいのある集団の言葉は日本語と同じように高低アクセントなのですが、簡単に言ってしまうと、一つの音に十六通りのアクセントがあります。そのアクセントの違いで意味が変わるのです。こういう言葉に較べると、日本語のアクセントはあまり意味を背負っていないということは理解していただけると思います。

強弱のアクセントがない日本語の音は、聞いているとタタタタ、タタタタというふうに平坦、単調です。このことが、日本に長い長い詩が生まれなかった原因ではないかとぼくは思っています。ヨーロッパの言葉はアクセントをたとえば強弱、強弱、弱強、弱強、弱弱強というふうに並べていくと、音自体のうねり、メロディーが生まれてきます。それに意味を乗せることで、劇詩と言われるような長い詩が成立するのだと思います。

そういうことは日本語では起こりません。ただ、区切ることによってリズムを刻むのは得意なんです。日本人は言葉の音節数にとても敏感で、注意が行き届いています。「さっき電話があったけど、四つの音で、確かサで始まる名前で……」「あっ、じゃあ斎藤さんだ」というようなことはよくあるでしょう。ちゃんと音を数えているんですね、無意識のうちに。うねるようなリズムをつくることはできない代わりに、小さな詩を、音の数を刻むことでリズムを生み出してつくっていこう——先人たちはそう考えたのだと思います。

日本人がひと息で発音できる音節数はだいたい十二から十五だと言われています。昔、成城高校に相良《さがら》守次《もりじ》先生（のち東大教授、心理学者）という人がいて、新入生に、ただびっしり仮名が並んでいるだけのものを読ませるという実験を二十年あまりやりました。その結果、日本人が余裕を持ってきちんと発音できるのは十二音であると、これは『日本詩歌のリズム』という七百頁を超える本のなかに書いてあります。

では十二音でリズムをつくるにはどうしたらいいか。六と六にわけてもリズムにはなりませんよね。だから、ちょっとずらして五と七にわけるのです。標語などを募集すると必ず七五調になってしまうのは、もうこれはしようのないこと、日本語の宿命ですね。

音の数は一一五しかないのに、日本人は世界で一番短い詩を持っています。五七五の俳句、五七五七七の短歌です。たった十七字、三十一字で相当大きなことを表現することもできるし、人の心の細かい襞《ひだ》も表現しています。先人たちの努力の賜物《たまもの》ですよね。

今回は日本語の音韻について考えてみました。日本語の音について、共通の認識と発音を持っておくことは、やはり大切だと思います。なぜなら、日本人同士なのに世代間で話が通じないという状態がこれからも続いていくと、つまらないことが起きるからです。いろいろな地域の言葉を大切にすると同時に、共通の発音を知っておきたいものです。

(1)「三筋町界隈」で書かれている鮨のエピソードとは、多少の相違がある。ユリ夫人曰《いわ》く、井上氏は、同じ山形出身である斎藤茂吉のことを大変敬愛していて、いつか芝居にしたかったという。ここで語られたのは、その構想の一部だったのかもしれない。

(2)チャールズ・リンドバーグの自伝「翼よ! あれが巴里《パリ》の灯だ」がもとにある。

第四講　日本語はどのように表現されるのか

日本人に文法はいらない

二十年ほど前に、ぼくは『私家版 日本語文法』という本を書きました。自分で言うのも変ですが、これはわりにおもしろくよく書けています。興味のある方は、新潮文庫に入っていますので読んでみて下さい。これで今日の話はおしまい（笑）、というわけにはいきませんね。まあ、そのころからずーっと文法のことを考えてきたのですが、日本人にはもう文法は必要ないという結論に達しているところです。その理由をあれこれ考えているうちに、佐伯梅友さんという一八九九年生まれの国語学者が一九六五年に発表した「口語文法と文語文法」という文章のなかの一節に出会いました。ああ、こういうことなんだなと思いあたる文章なので、紹介しますね。

まず「文法」というのにひっかかる。このごろ世間では、橋本文法とか時枝文法とかいう言い方をする。この時の文法というのは、簡単に言えば、橋本氏の眼で整理し組織された文法、時枝氏の眼で整理し組織された文法、ということになるだろう。けれども、口語文法と文語文法という場合の文法はどういうものか。だれかの眼で整理し組織立てたというものをさすのではないのであろう。

それがどんな民族のことばであろうとも、一つの民族の用いていることばの中には、それによって物を言おうとするとき、どういうふうに並べていくか、おのずから法則があるものである。日本語もその例にもれない。われわれがふだん話したり書いたりしていることばの中にも法則があるのであるが、その法則はめいめいの中に無意識的に習得されていて、普通ではつかみどころがない。これを学者が取り上げ、名前をつけて整理し組織して示してくれる時、そういうものがあると知るわけである。普通は、こうして組織されたものを文法と言っている。

（佐伯梅友「口語文法と文語文法」一九六五年）

佐伯先生の文章を敷衍《ふえん》しながら考えていきましょうか。まず、どんな民族であれ、ひとつの民族が用いている言葉の中には、ものを言うときに、どんなふうに並べていくのか、おのずから法則がある。日本語もその例に洩れない。けれども、その法則は無意識に習得されていて、つかみどころがない。これを学者が取り上げて整理し組織立てたときに初めて他の日本人にも、「ああ、時枝（あるいは橋本）という学者の眼を通すと、こういうふうに整理されるのだな」と理解できる。けれども、一般に「口語文法」というときの「文法」というのは、だれが整理し組織立てたものなのか、わからない。これはつまり、私たちひとりひとりそれぞれにそれぞれの文法があるということです。それでかまわないということなんですね、文法の仕組みとは。

私たちは日本語の文法を勉強する必要はないのです。無意識のうちにいつのまにか文法を身につけていますから。

日本語の不確定さ

九月十一日の同時多発テロのとき、アメリカ人でありながら、アメリカ政府のやりかたを徹底的に批判した人がいました。ノーム・チョムスキーというマサチューセッツ工科大学の教授です。この人が打ち立てた「変形生成文法」という理論は、普遍的な文法の基礎の基礎は生まれたばかりの赤ん坊の脳にもすでに取り込まれているのではないか、ということ——こんなに簡単にいってしまうとチョムスキー先生に叱られそうですが、要はそういうことだと思います。

前にお話ししたように、赤ん坊は、最初に自分を大事にしてくれる人——お母さん、お父さん、あるいは保母さんとか——の言葉をまっさらな脳に刻み込んでいきます。チョムスキーは、そのまっさらと思われる脳の中に、基本的かつ普遍的な文法の規則はすでに刷り込まれているという説を立てました。身近にいる人の言葉を聞きながら、赤ん坊は持って生まれた文法を援用しているのだ、ということです。これはチョムスキーによる人間の言葉の整理ですね。

実際、私たちは動詞の活用など考えずにしゃべっています。ですから、文法というのは、ある意味では一番遅れた学問と言えます。定説がまだありません。形容動詞というものを認める学者もいるけれども、頑として認めない学者もいる。そんな状態なんです。たとえば、「その花はどんな色ですか」という問いに対して「赤いです」と答えるのは、まあ間違いではないでしょうね。ところが、「です」というのは敬体、つまりちょっと敬った言い方ですから、これをふつうの言い方にすると「赤いだ」になって(笑)、やはり変です。同じように、「美しいです」という言い方はあるのに「美しいだ」とは言いません。こんなふうに日本語にはまだまだ不確定なところがたくさんあります。

佐伯先生の意見は大変ラディカルで素晴らしいと思います。日本語には普遍的な文法というものはまだなくて、Aという人がさんざん考えて整理して提出したものはA文法、B先生が提出したらB文法だという見解です。ぼくはこの考え方が好きなんです。ですから今日は、「文法というのは、それぞれの学者が見た日本語の構造です」と言っておしまいにしてもいいんですが、せっかくですからもう少し考えてみることにしましょう。

似た言葉と比較してみる

私たちは眼ですべてのものを見ています。けれども自分の眼だけは見ることができません。同じように、日本語で日本語を考えることも至難の業《わざ》のようです。自分のことを自分で考えるということは大変むずかしくて、これはイギリス人のバートランド・ラッセルという人が体系づけをしているくらいです。自分が属しているものを属している自分は見ることはできない、つまり日本語のことを日本語で考えても正確にはわからないということになります。

そこで学者たちはまず、日本語とよく似た構造の言葉を見つけだして、その言葉を徹底的に勉強しました。自分が属している言葉ではないので、徹底的に分析も観察もできるわけですね。その上で、その言葉の文法をきっちり整理し、次に日本語との共通点を探すことによって、逆に日本語の文法とはこういうものだということがわかるだろう

――学者たちはそういうふうに考えました。

最初は南方系（オーストロネシア）が流行りでした。南方系の言葉も日本語も母音は「a・i・u・e・o」で、すべての言葉は開放音で終わっています。ですから、日本語の母音

については南方系の影響がかなりあるらしい。これはもう疑いの余地がありません。また、二重母音――「au」「a・i」「u・i」などを多用する点も、日本語と南方系言語は似ています。そのほか、言葉の幹になるところ、語幹の大部分が二音節であるというところも共通しているんです。特に動詞、形容詞ではそうなっていて、日本語で例をあげれば「動く」「歩く」「座る」「食べる」「笑う」「高い」「多い」「赤い」「青い」というような言葉です。

ところが一所懸命に南方系の言葉を勉強し、文法を分析した結果、日本語の文法とは違う点のほうが多いということがわかってきました。

たとえば、南方系言語には格接尾辞（格助詞）がありません。日本語は、名詞や体言に格助詞の「の」や「を」がついて所有格や目的格をつくり、後の叙述を決めていきますよね。ところが南方系にはそういう格接尾辞、格助詞はないのです。また、日本語では、「赤い花」のように修飾語が先にきますが、南方系はフランス語ふうに「花・赤い」になっています。

このようにして文法を分析していった結果、日本語を南方系言語と比較してもしようがないということになりました。昭和三十年ごろのことです。

一方、日本語を北方系言語と比較していた学者も大勢いました。トルコ語、モンゴル語、ツングース（満州語なども）、朝鮮語……ウラル・アルタイ語族と称される言語です。これらの言語と日本語を比較してみると、意外に音韻も文法も共通しているということがわかってきました。

村山七郎さんという国語学者はトルコ語がものすごく上手な方でした。ぼくが「どうしてそんなにお上手なんですか」と聞いたら、「私は日本語を研究するために、日本語と似ている言葉を探しました。そうしたらトルコ語がよく似ていたので、徹底的に勉強・分析することで日本語の文法を考えることにしたんです」とおっしゃいました。

モンゴル語を勉強した司馬さん

司馬遼太郎さんはモンゴル語でした。「どうしてモンゴル語を選んだのですか」とぼくが聞いたら、「日本語とモンゴル語は似ているから勉強が楽なんだよ」と司馬さんらしく謙遜したお答でしたけれど、とにかくモンゴル語と日本語はよく似ているようです。

今ではぼくのような素人でも、日本語はウラル・アルタイ語族のなかのひとつだという説が正しいんじゃないかな、と思うくらいになっています。ではどういうところが似ているのでしょうか。

まず音韻です。ウラル・アルタイ語族では子音が二つ以上続けて語頭、語末にくることはありません。「start」という英語では語頭に「s」「t」という子音が二つ並んでいます。「compact」の語末の「ct」、これも子音二つです。日本語やウラル・アルタイ語族にはこういう言葉はありません。また、ひとつひとつの言葉の頭に、「r」とか「z」とか「ｎｇ」は立たないという点でも、日本語とウラル・アルタイ語族は共通しています。

そして文法的には語幹に接尾辞がつく、つまり「膠着《こうちゃく》」するということです。日本語で言うと、「私」という言葉に「は」とか「が」とか「の」といった助詞がついて主格になったり所有格になったりします。助動詞もその典型で、動詞にくっついて細かい意味を表現していきます。ですから、日本語やウラル・アルタイ語族には前置詞がありません。

また、修飾語と被修飾語の関係も日本語とウラル・アルタイ語族は同じです。「赤い花」「白い花」になっています。これは英語も同じですね。

それから主格と目的格と述語の順序は、日本語もウラル・アルタイ語族も「私は水を飲む」つまりSOVの順です。英語では「私は飲む水を」、SVOですね。

例のチョムスキーさんの変形生成文法の根本的な考え方は、このS、O、Vという基本は赤ん坊でも持っているということなんです。世界というものがあって、自分というものがある。この二つ、OとSは必ず存在していますから、それを結びつけるVというものが必然的に生まれてくる、生まれてこなくてはならない――これがチョムスキー文法の基本です。その基本が、それぞれ自分の置かれた言語環境によってさまざまに生成を遂げていくということなんですね。

このように、いまでは日本語の文法をきちんと勉強するためには、ウラル・アルタイ語族、北方系の言語と比較するというのがスタンダードな方法になっているようです。

特異な数の数え方

では、日本語の文法というのは簡単なのでしょうか。難しいのでしょうか。少し具体的に考えてみましょう。

日本人は一般に、日本語の数の数え方は大変合理的だと思っているようです。イチ、ニ、サン、シ、ゴ……ジュウ。そのあとはジュウにまたイチ、ニ、サン……をくっつけています。百になっても千になっても、大きな数から順番に並べていくのが日本語です。英語は「thirteen」「fourteen」というふうに三、四、五が先にきて、そのあとに十がきます。けれども、だからといって日本語のほうが簡単かというと、それは言えません。イギリス人やアメリカ人が、先に大きな数がくるのはおかしいと思ったとしても不思議はないでしょう。

数の問題で必ず引き合いに出されるのがフランス語です。八十を quatre-vingts、つまり四と二十と言います。四×二十という計算です。九十になると、quatre-vingt-dix、つまり四と二十と十、九十一は quatre-vingt-onze、四と二十と十一。日本人にとってはなにがなんだかわかりません。だからといって、フランス語の数の数え方は非常に面倒くさいと言ってよいのかというと、言ってはいけないと思うのです。当のフランス人にとってはごくごく簡単なことでしょうから。

ちょっと脇道になりますが、この「日本語講座」に対して「どうして国語と言わないのか」と怒っている方がいます。そういう方は、日本語という「国語」が世界中で一番優れた言葉だと信じているんでしょう。その理由として、数の合理的な数え方を例にあげます。そしてこんな素晴らしい数え方を考えだした日本人の頭は優秀だ、だから日本人の考えることに間違いはないと言う人が昔は、いや、今もいるようです（笑）。自分たちが使っている言葉は世界一だとか、こういう表現は日本語にしかないとか、簡単に言わないようにしたいものですね。

日本語の数の数え方というのは意外に難しいのです。前にやったように、一、二、三、四……は、ヒトツ、フタツ、ミッツ、ヨッツ、イツツ、ムッツ、ナナツ、ヤッツ、ココノツ、トオという数え方と、中国風のイチ、ニ、サン、シ、ゴ、ロク、シチ、ハチ、キュウ、ジュウを併用しています。十一以上は中国風の数え方ですね。このことは、日本語がいかに中国語から深刻で大きな影響を受けているかの証拠と言えます。

外国の人が日本語でつまずくのは、実はここなんです。外国の人が書いた日本語についての文章を網羅的に読んでみると、数の数え方が二通りあるということのむずかしさを嘆いている人がたくさんいました。

もうひとつ、数に関する日本語の特異な点は、種類表示詞というものが結びつくことです。たとえば英語では「five students」「five hens」と、学生であれ雌鳥《めんどり》であれ「ファイブ」と言います。でも日本語では「五人の」「五羽の」と言わなければなりません。車を「五羽」と言ったりしたら笑われてしまいますよね。これは相当むずかしいことで、よく大きな辞書の裏表紙なんかに「かぞえ方一覧表」として掲げてあります。筆は一本でもいいようですが、一管、一茎です。イカやカニは一杯で、カニの脚は「肩《かた》」と呼ぶんだそうです。本は冊・部、船は艘《そう》、服は着、ざる蕎麦は更科系が枚で天竜系は杯……どんどん細かくなっていって、むずかしいですよねえ。こういう数え方は世界にもあまり例がないかもしれません。だからといって日本語が偉いと言っているわけではありません、念のためですが。

外来語は現地音で話す

外国人が日本語を勉強するときに必ず必要なもの、それは外来語辞典です。いま、私たちの周りには外来語が氾濫していますが、外国人はそれらの言葉も日本語だと思ってしまいます。

前にも言いましたが、加藤周一先生はパリのことをパァリィ、ベニスのことをヴェネッツィアというふうに現地音で話されます。ドイツ語もフランス語もよくできる方なので、とにかく横文字が出るたびに現地音で発音される。ぼくは正直なところ、なに言ってんだろう、キザだなと思っていましたが、そういう言い方はあるいは正しいのかもしれません。なぜなら、日本語の外来語は日本人以外の誰の役にも立っていない、私たちの自己満足にしかすぎないからです。

ぼくは外来語をできるだけ使わないようにしてきましたが、少し考えが変わってきました。誰もが意味を知っていて、それを使ったほうが便利だという言葉については排除せずにきちんと使う。しかし、わかっているつもりでも本当のところはわかっていない言葉を使って考えるのは非常に危険なことだから、乱発はしない——今はそういう態度で外来語に向き合おうと思っています。

みなさんもこれから外来語を使うときには加藤先生流に現地音で発音するようにしましょう。そうすることによって、この言葉は私はまだ日本語とは認めていませんという意思表示になるし、言葉に対して一歩一歩正確に対処していく姿勢が培われると思います。

「は」と「が」の使い分け

日本語を教えている学校に、ぼくは韓国人のふりをして通ったことがあります。たまたまだったかもしれませんが、そこでは「は」と「が」の使い分けで終始していました。

私たちは「むかしむかしある所に、おじいさんとおばあさんは住んでいました」とは言いませんね。「おじいさんが山へ芝刈りに、おばあさんが川へ洗濯に」とも言いません。自然に「は」と「が」の違いを身につけています。でも外国の人にとってはこの区別はなかなかむずかしいそうです。

これにはいろいろな説がありました。「は」は題目であり、強調の意味があるという説が有力でした。つまり、「おじいさんは山へ」というときは、「おじいさんについて言えば」ということ、「おじいさん」を強調して言っているのだという考え方です。なんとなくこの説で納得していたのですが、大野晋先生がこの問題を徹底的に研究されました。もうこれで決まりだと思いますので、かいつまんで紹介しましょう。

大野説を一言で言ってしまうと、既知の旧情報には「は」を、未知の新情報を受ける場合は「が」を使うということです。「むかしむかしある所に、おじいさんとおばあさんが住んでいました」――はじめておじいさんとおばあさんが出てくるのですから、まだ誰も知らないわけですね。だから「が」を使います。次に「おじいさんは山へ」というときには、そのおじいさんは、ある所に住んでいるおじいさんに決まっているわけで、旧情報です。おばあさんについても同じで、ある所に住んでいるおばあさんに決まっています。別のおばあさんだったら大変です（笑）。

では、「私は井上です」と「私が井上です」の使い分けはどうなるでしょうか。たとえば全く未知の集団で「どなたが井上さんでしょうか」と言われたときは、「私が井上です」と答えると思います。また、自分が井上であることはもう知られていると思っていたのに「あなたは上田さんですよね」と言われたら、「私は井上です」と言うでしょう。

「は」と「が」に関して長いあいだ議論になっていた「象は鼻が長い」も、大野理論ですっきり解けます。つまり象そのものは既知のことですから「象は」で、「鼻が長い」は新情報なので「が」になるということで納得ですよね。

「東京は人口が多い」も同じで、主語が二つあるわけではありません。「みなさんが知っている東京について言えば」で「東京は」、人口のことが話題になるとは誰も知らないので、未知で扱って「人口が多い」となります。

大野先生の説を非常に簡単にまとめてしまいました。大野先生の著書はたくさん出ていますから、興味のある方は是非読んでみて下さい。

あいまいな日本語の語順

大江健三郎さんがノーベル賞を受賞した時の講演は「あいまいな日本の私」という題でした。「あいまい」は「日本」にかかるのか「私」にかかるのかわかりません。そこを、大江さんはねらったわけですね。

「新聞で汚れた国の大掃除」――これ、ある年の新聞週間の標語なんです。あんまりおかしかったので切り取って保存しましたが、新聞社がこんなことをしてはいけませんよね。「新聞によって汚れた国」を大掃除しましょうというふうにも読めますから、「新聞で、汚れた国の」と読点をいれなければなりません。

むかしから問題になっているのは「美しき水車小屋の娘」ですね。美しいのは娘なのか水車小屋なのか。「むずかしい子どもの教育」――これも子どもの教育がむずかしいのか、むずかしい子どもの教育なのか、あいまいです。

「大橋刑事は血まみれになって逃げだした賊を追いかけた」――血まみれになっているのは大橋刑事なのか賊なのかわかりませんね。

「黒い目のきれいな女の子」――これはぼくが考えた文例ですが、幾通りもの意味があります。ちょっと例をあげてみましょう。

黒い目がきれいな「女の子」

黒い目の「きれいな女の子」

黒い目のきれいな女の「子」
黒い、目のきれいな女の子
きれいな女の「目の黒い子」
目のきれいな女の「色の黒い子」

まだまだありますから、暇な折にみなさん考えてみて下さい。

というわけで、日本語の順番はあいまいでいい加減です。でも、ある意味ではこれは日本人の長所かもしれませんね。自民党体質というか（笑）。

こんなふうにあいまいにもかかわらず、私たちは言葉を並べる順番を無意識のうちに習得していますから、そう困ることはありませんね。どう並べれば正確に表現できるか、法則をちゃんと知っているのです。ただ、その法則を誰にもわかるようにまとめようとすると、自分のことですから、わからなくなってしまうのです。

世界にひらかれた日本語に

日本語とはどのような言語なのか、外国語を勉強することによって見えてくると言いました。では、外国人は日本語をどのように見ているのでしょうか。

日本語は母音が五つしかないし、音節だって一一五くらいなものです。ですから、外国人には、日本語の発音は非常にやさしくて、会話はみなさんすぐ上手になります。ぼくが尊敬しているロジャー・パルバースさん、この方は、日本語は発音を覚えて、次に音標文字である平仮名と片仮名が読めるようになるところまでは非常にやさしい、しかし、本格的に読んだり書いたりする段階になると、世界でも最もむずかしい言語の一つになるというふうに言っておられます。

言葉は人間の表現です。表現である以上、他人に理解してもらわなければいけない。このことだけはどんな言語にも共通して言えることです。森羅万象を表現し、人間の喜怒哀楽のすべてを互いに伝えあうのが言葉なんだと考えれば、どの言語もそう違うわけはない。そんなふうに大きく考えると、外国語を学ぶのもおもしろくなるし、上手になりそうですね。

パルバースさんは、アメリカの大学院生だったころに、アメリカ政府を風刺するようなコントを書いて、大学で上演しました。で、政府が怒って、彼を徴兵したんです。日本に集合せよ、ということになって、彼はともかく日本にやってきて、そこで逃げだしてしまうのです。そして大学の講師になるんですが、これがケッサクで、面接のときに、募集している大学の先生が、自分の英語の力を顕示したかったのか、英語で聞いたんですよね、「あなたは日本語ができますか?」と。パルバースさんも英語で「できますよ」と言ってしまった（笑）。それで採用されたんですって。四月から授業をしてくださいということになったんです。

日本語ができないパルバースさんはどうしたかというと、このあたりはすごいなあと感心してしまうのですが、韓国に行って日本語を勉強することにしました。韓国には、戦前のおぞましい過去もあるし、日本が経済成長をとげていたこともあって、日本語を勉強する方法論が発達していたんですね。パルバースさんはそこに気がついて、韓国の日本語学校へ行って、掃除夫として雇ってもらったのです（笑）。掃除をしながら授業を聞いて、とにかく猛烈に勉強したそうです。そして四月になって日本に戻ってきて、雇ってくれた大学へ「おはようございまーす」なんて挨拶しながら入っていった（笑）。

その後、パルバースさんはアメリカ人であることがイヤになって日本人になろうと思ったんですが、日本政府は日本の国籍をなかなかくれないのです。五年くらいは待たせる。そこで彼はオーストラリアに行ってしまいます。わたしたちには見えにくいのですが、日本は外国人に冷たいんですよね。アメリカのものは何でも受け入れるのに、人は受け入れないという不思議な鎖国状態です。このアンバランスを早くたださないと、国はダメになると思います。

そのパルバースさんが、昭和五十一年（一九七六）、ぼくを「ライター・イン・レジデンス」（大学お抱え作家）としてキャンベラにあるオーストラリア国立大学へ招いてくれました。最初の挨拶で、「マイ・イングリッシュ・イズ・ベーリー・プアー」というつもりだったのに、「ピュアー」と言ってしまって（笑）。オーストラリアの人は潜在的に自分たちの英語は訛っているという意識がありますから、ぼくがひどい発音で「わたしの英語とてもきれいネ」と言ったもんだから、もう喜んじゃって大騒ぎ、早速「ピュアー先生」というあだ名をつけられました。これも一種の駄洒落、語呂合わせの功徳ですよね。

ぼくはパルバースさんにひどく怒られたことがあります。彼は歌舞伎がとても好きで、年に二十回くらい見ていました。ところがぼくは、「でも、歌舞伎の本当のところは外国の人には理解しにくいのでは」みたいなことを言ったのです。そうしたら「それが日本人の悪い癖だ。あなたは生まれてこのかた、三回しか歌舞伎を見ていない。私はたくさん見て勉強もしている。それなのに、なぜそんなふうに壁をつくるんですか」ってものすごく叱られました。

そうなんですよね。日本精神というのは外国人にはわからないとか、そういう方向へ行ってしまうのはとても危険なことです。言葉についても同じで、日本語は特殊だとか日本語にしかこういう表現はないとか、簡単に決めつけたりしてはいけないと思います。

いまは多少変わってきたとは思いますが、私たちは日本語を外国の人に知ってもらおうとする努力をほとんどしていません。ぼくが招かれたオーストラリアの大学では、日本語の教科書をつくろうとしていました。日本になかったからです。文部省も、教科書の検定なんてやめて、外国人のための日本語教科書をつくるとか、そういうことをやるべきです。検定なんかするから困った問題が起きるのですから。もっとも、私たち日本人がつくりだすものが世界の人々に喜ばれ、楽しまれ、役に立つようになれば、教科書などなくても日本語を知りたいと思う外国人が増えるでしょうね。いま、日本のアニメは世界中で知られていて、スタジオジブリで学びたいという外国人が非常に多いと聞いています。こういうグローバリゼーションは歓迎ですよね。

文法については駆け足になってしまいました。敬語のことや動詞・形容詞の活用のことなど、お話ししなかった問題がたくさんありますが、要は、私たちひとりひとりが日本語をどう見て、どう整理し、どう再組織するかにかかっています。ですから、人それぞれの文法があっていいという結論にいたしましょう。

初めに申しあげたように、この「日本語教室」の受講料は、海外からの留学生の奨学金に充てられます。たとえば中国から留学している学生さんが、この奨学金をもらって、「ああ、日本の人も意外に親切なんだ」とちょっとでも思ってくれたら、そして母国に帰ってそう言ってくれたとしたら――それこそが私たちにとっての何よりの安全保障になると、ぼくは考えています。

井上ひさし著書・単行本目録（抄）

※「井上ひさしさん　お別れの会」の冊子
（渡辺昭夫編）を参考に作成

『ＮＨＫひょっこりひょうたん島』一〜四（共著　一九六四〜六五　日本放送出版協会）
『ブンとフン』（一九七〇　朝日ソノラマ）
『表裏源内蛙合戦』（一九七一　新潮社）
『手鎖心中』（一九七二　文藝春秋）
『モッキンポット師の後始末』（一九七二　講談社）
『珍訳聖書』（一九七三　新潮社）
『青葉繁れる』（一九七三　文藝春秋）
『藪原検校』（一九七四　新潮社）
『井上ひさしコント集』（一九七五　講談社）
『新釈　遠野物語』（一九七六　筑摩書房）
『下駄の上の卵』（一九八〇　岩波書店）
『私家版　日本語文法』（一九八一　新潮社）

『ことばを読む』（一九八二　中央公論社）
『本の枕草紙』（一九八二　文藝春秋）
『国語事件殺人辞典』（一九八二　新潮社）
『吾輩は漱石である』（一九八二　集英社）
『にっぽん博物誌』（一九八三　朝日新聞社）
『自家製 文章読本』（一九八四　新潮社）
『腹鼓記』（一九八五　新潮社）
『不忠臣蔵』（一九八五　集英社）
『國語元年』（一九八六　新潮社）
『泣き虫なまいき石川啄木』（一九八六　新潮社）
『四千万歩の男』一〜五（一九九〇　講談社）
『人間合格』（一九九〇　集英社）
『日本語相談』一〜五（共著　一九八九〜九二　朝日新聞社）
『ニホン語日記』（一九九三　文藝春秋）
『ニホン語日記2』（一九九六　文藝春秋）
『本の運命』（一九九七　文藝春秋）

『演劇ノート』（一九九七　白水社）
『東京セブンローズ』（一九九九　文藝春秋）
『日本語よどこへ行く　講演とシンポジウム』（共著　一九九九　岩波書店）
『にほん語観察ノート』（二〇〇二　中央公論新社）
『井上ひさしの日本語相談』（二〇〇二　朝日新聞社）
『話し言葉の日本語』（共著　二〇〇三　小学館）
『兄おとうと』（二〇〇三　新潮社）
『ふふふ』（二〇〇五　講談社）
『箱根強羅ホテル』（二〇〇六　集英社）
『ボローニャ紀行』（二〇〇八　文藝春秋）
『井上ひさし全選評』（二〇一〇　白水社）
『一週間』（二〇一〇　新潮社）
『東慶寺花だより』（二〇一〇　文藝春秋）
『井上ひさしの言葉を継ぐために』（共著　二〇一〇　岩波書店）
『この人から受け継ぐもの』（二〇一〇　岩波書店）
『井上ひさし全芝居』一～七（一九八四～二〇一〇　新潮社）

井上ひさし　1934(昭和9)年生まれ。小説、戯曲、エッセイと幅広く執筆。常に庶民の視点に立ち、物事を「やさしく、ふかく、おもしろく」考えた作品を多数残す。2010(平成22)年4月9日永眠。

Ⓢ新潮新書

410

日本語《にほんご》教室《きょうしつ》

著者　井上《いのうえ》ひさし

2011年3月20日　発行

発行者　佐藤隆信

発行所　株式会社新潮社

〒162-8711　東京都新宿区矢来町71番地
編集部(03)3266-5430　読者係(03)3266-5111
http://www.shinchosha.co.jp

印刷所　二光印刷株式会社
製本所　加藤製本株式会社

ISBN978-4-10-610410-7　C0281

価格はカバーに表示してあります。

新潮文庫で読む井上ひさし

ブンとフン

フン先生が書いた小説の主人公、神出鬼没の大泥棒ブンが小説から飛び出した。奔放な空想奇想が痛烈な諷刺と哄笑を生む処女長編。

吉里吉里人（上・中・下）

東北の一寒村が突如日本から分離独立した。大国日本の問題を鋭く撃つおかしくも感動的な新国家を言葉の魅力を満載して描く大作。

新釈 遠野物語

遠野山中に住まう犬伏老人が語ってきかせた、腹の皮がよじれるほど奇天烈なホラ話……。名著『遠野物語』にいどむ、現代の怪奇譚。

新潮文庫で読む井上ひさし

父と暮せば

愛する者を原爆で失い、一人生き残った負い目で恋に対してかたくなな娘、彼女を励ます父。絶望を乗り越えて再生に向かう魂の物語。

太鼓たたいて笛ふいて

「太鼓と笛で軍国主義を囃した」戦前。「普通の日本人の悲しみ」を書き続けた戦後――。林芙美子の劇的な後半生をたどる評伝戯曲。

黙阿彌オペラ

江戸も末の師走、柳橋のそば屋で偶然知り合う、不遇を託つ男たち。文明開化に右往左往する黙阿彌と仲間たちの「明治維新」！

井上ひさし
最後の長編小説

一週間

昭和二十一年早春、満洲の黒河で極東赤軍の捕虜となった小松修吉は、ハバロフスクの捕虜収容所に移送される。脱走に失敗した元軍医・入江一郎の手記をまとめるよう命じられた小松は、若き日のレーニンの手紙を入江から秘かに手に入れる。それは、レーニンの裏切りと革命の堕落を明らかにする、爆弾のような手紙だった……。

著者畢生の大作にして、最後の長編小説！